Les cahiers **d'exercices** ASSiMiL®

Espagnol

LV2 Collège 3ᵉ LV2

Juan Córdoba

À propos de ce cahier

Tu entames ta troisième année d'espagnol. Il faut avant tout repartir d'un bon pied et rafraîchir tes acquis, pour ensuite avancer sur des bases solides : ce cahier est là pour t'y aider. Calé sur le programme de la classe de 3e, il va te permettre de revoir systématiquement l'ensemble de ce que tu travailles en cours avec ton professeur. Si tu as un doute, si tu n'as pas bien compris une notion, tu trouveras dans ce cahier une leçon qui t'expliquera simplement les choses et plusieurs exercices et activités pour t'entraîner.

Il se compose de 6 modules : un module 0 consacré à la prononciation et à l'orthographe ; et 5 modules organisés pour approfondir progressivement tes compétences en espagnol. Chaque module est un parcours : Il s'ouvre avec une page d'objectifs clairement exposés (situations de parole, grammaire, vocabulaire) et se termine par une page de bilan. Pour chaque exercice, en effet, tu auras dessiné un ☺ pour une majorité de bonnes réponses, un 😐 pour environ la moitié, et un ☹ pour moins de la moitié. Dans le bilan final, tu vas reporter tous ces résultats, t'auto-évaluer et voir précisément quels points tu as acquis et quels autres tu dois encore travailler.

Apprendre une langue, ce n'est pas seulement emmagasiner des règles. C'est savoir les utiliser, ensemble, pour réaliser des tâches pratiques. Chaque module t'offre donc aussi une situation concrète pour tester tes compétences : acheter des vêtements, demander un tartine ou faire un sandwich, répondre à une annonce, lire un conte ou faire la liste des courses. Ce sont des activités que tu fais aussi en classe ; ce cahier te permet de les refaire à ton rythme, en t'auto-corrigeant.

L'espagnol, c'est enfin tout un ensemble de pays, de paysages, de climats et de modes de vie différents des nôtres, que ce cahier te présente, dans chaque module, à travers des pages de découverte culturelle.

Voilà, c'est à toi maintenant !

Sommaire

Module 0 : Pronunciación y ortografía 3

Module 1 : Yo, tú, él, ella... 15

Module 2 : El gusto es mío 39

Module 3 : Por favor 61

Module 4 : Cuéntame 79

Module 5 : La vida es sueño 97

Tableaux de conjugaison 114

Solutions 122

Tableau d'évaluation 128

Pronunciación y ortografía

Objectifs

- **Connaître l'alphabet**
  Conventions pour la lecture et l'écriture des sigles
  Expressions imagées avec le nom des lettres

- **Prononcer les diphtongues**
  au / ai / ay
  eu / ei / ey
  ou / oi / oy

- **Prononcer le R**
  En milieu et en fin de mot
  À l'initiale et orthographié **RR**

- **Les modifications orthographiques : noms et adjectifs**
  Z → C devant **E** et **I**
  C → QU devant **E** et **I**
  G → GU devant **E** et **I**
  Le tréma sur le **U**

- **Les modifications orthographiques : les formes verbales**
  Les verbes en **-guir** et en **-gir** au présent de l'indicatif
  Les verbes en **-car**, **-gar** et **-zar** au passé simple
      et au subjonctif présent

- **L'accent tonique**
  L'accent régulier et l'accent écrit
  L'accent écrit sur les interrogatifs, les exclamatifs
      et les homonymes

Module 0

MODULE 0 : PRONUNCIACIÓN Y ORTOGRAFÍA

Lire des sigles et des abréviations

Tu as appris l'alphabet en 5ᵉ et en 4ᵉ. Nous allons le réviser car il peut être utile : pour épeler ton nom, demander l'orthographe d'un mot ou lire des sigles.

Certains sigles se lisent comme des mots : **la RENFE (Red Nacional de Ferrocarriles,** *compagnie des chemins de fer*) ou **el AVE (Alta Velocidad Española,** *le train à grande vitesse).* Mais, pour d'autres, tu vas dire le nom des lettres à la suite, par exemple **ONG (Organización No Gubernamental)** se lira O – ENE – GE.

Une curiosité : en espagnol, lorsque les abréviations portent sur un mot au pluriel, on redouble la lettre et on met un point à la suite. Par exemple, le nom du syndicat **Comisiones Obreras,** *Commissions Ouvrières,* s'abrège en CC.OO.

1 Comment prononcerais-tu les sigles dans les légendes de ces pictogrammes ? Coche la bonne lecture.

a. Un jugador de la NBA
☐ ENE – BE – A
☐ NE – UVE – A
☐ NE – BE – A

b. Un tubo de PVC
☐ PE – BE – CE
☐ NE – UVE – A
☐ PE – UVE – CE

c. Una llave USB
☐ U – CE – BE
☐ U – ESE – BE
☐ UVE – ESE – BE

d. El presidente del FMI
☐ FE – ME – I
☐ EFE – EME – I
☐ EFE – ME – I

2 Voici quelques dénominations identiques en français et en espagnol. Complète leur traduction en écrivant le nom de la lettre concernée.

a. los rayos ...., *les rayons X*

b. la hora ...., *l'heure H*

c. una talla ...., *une taille L*

MODULE 0 : PRONUNCIACIÓN Y ORTOGRAFÍA

3 Comme le français, l'espagnol a des expressions imagées fondées sur le nom des lettres. En voici quelques-unes ; coche la bonne prononciation.

a. R que R, *obstinément*.
☐ RE QUE RE
☐ ERRE QUE ERRE

b. No entender ni J, *ne rien comprendre*.
☐ NI GE
☐ NI JOTA

c. Hacer una S, *faire un zigzag*.
☐ ESE
☐ CE

4 Quel est le nom de ces lettres ?

a. Q   ☐ cu   ☐ ka
b. Y   ☐ i latina   ☐ i griega
c. W   ☐ uve doble   ☐ doble uve

5 "Avec un B comme dans Bernard" se dit en espagnol *Con BE de Bernardo*. Complète les phrases suivantes en suivant cette formule.

a. Con .... de kilo.
b. Con .... de queso.
c. Con .... de gato.
d. Con .... de zorro.

6 En suivant la règle indiquée dans la leçon, réécris ces noms avec l'abréviation qui conviendrait.

a. Estados Unidos : ....

b. Sus Majestades : ....

c. Juegos Olímpicos : ....

MODULE 0 : PRONUNCIACIÓN Y ORTOGRAFÍA

La prononciation des diphtongues

Tu sais que les voyelles **e** et **u** se prononcent respectivement [é] et [ou]. Souviens-toi aussi de la prononciation des diphtongues espagnoles : lorsqu'une voyelle forte (**a**, **e**, **o**) est accompagnée d'une voyelle faible (**i**, **u**), chaque voyelle garde sa prononciation dans le groupe. Même chose avec la semi-consonne **y**.

Australia [aousstRalia], *l'Australie*
El Loira [loïRa], *la Loire*
Europa [éouRopa], *l'Europe*
Reino Unido [RRéïno ounido], *le Royaume-Uni*
Buenos Aires [bouénoss aïRéss], *Buenos Aires*
Uruguay [ouRougouaï], *l'Uruguay*

 7 En suivant la transcription phonétique « à la française » donnée dans la leçon, complète la lecture de ces prénoms espagnols.

a. Paula   b. Aurelio   c. Ainoha   d. Moisés

[p……….la]   [……….Rélio]   [……….noa]   [m……….sséss]

e. Neus   f. Eusebio   g. Leire   h. Eloy

[n……….ss]   [……….ssébio]   [l……….Ré]   [él……….]

La prononciation des consonnes : le R, faiblement et fortement roulé

La JOTA et **la ERRE** sont les deux consonnes espagnoles dont la prononciation pose parfois problème aux francophones. Le **R** a deux prononciations :
- doucement roulé s'il est en milieu ou en fin de mot. Notons-le [R] : **corazón** [coRaTHo´n], *cœur* ; **amor** [amoR], *amour* ;
- fortement roulé s'il est à l'initiale ou s'il est écrit **-rr** à l'intérieur du mot. Notons-le [RR] : **rinoceronte** [RRinoTHéRo´nté], *rhinocéros* ; **perro** [péRRo], *chien*.

MODULE 0 : PRONUNCIACIÓN Y ORTOGRAFÍA

8 Écris dans la première ligne le nom des couleurs données, puis coche au-dessous la case qui correspond à la prononciation du -r dans le mot.

	a.	b.	c.	d.	e.	f.	g.
[R]							
[RR]							

Les modifications orthographiques : noms et adjectifs

L'orthographe espagnole est plus simple que celle du français. Il faut cependant être attentif : l'orthographe de certains mots peut être modifiée par l'ajout d'une terminaison.

C'est par exemple le cas des mots terminés par un **z**, quand on les met au pluriel :
Feliz Navidad ➜ *Joyeux Noël*
Felices fiestas ➜ *Joyeuses fêtes*

Ou quand on ajoute un diminutif en **-ito** :
una plaza ➜ *une place*
una placita ➜ *une petite place*

le son du th anglais de think	
z devant a, o, u	c devant e et i
zapato, *chaussure*	cero, *zéro*
zorro, *renard*	cebra, *zèbre*
zumo, *jus*	ciruela, *prune*

Même cas lorsque la dernière syllabe d'un mot commence par un **c**, avec les suffixes du diminutif ou du superlatif en **-ísimo/a**.
un poco ➜ *un peu*   **rico** ➜ *riche*
un poquito ➜ *un petit peu*   **riquísimo** ➜ *très riche*

le son du c comme dans café	
c devant a, o, u	qu devant e et i
caballo, *cheval*	quince, *quinze*
correo, *courrier*	querido, *cher*
cuscús, *couscous*	

MODULE 0 : PRONUNCIACIÓN Y ORTOGRAFÍA

La lettre **g** est également concernée.
hormiga → *fourmi*   **hormiguita** → *petite fourmi*

le son du g comme dans guitare	
g devant a, o, u	**gu devant e et i**
gato, *chat* gorila, *gorille* gusano, *ver de terre*	guitarra, *guitare* guerra, *guerre*

Attention, pour qu'on entende le **u** dans les groupes **gue** et **gui**, il faut un tréma :
vergüenza [beRgoué'nTHA], *honte*   **pingüino** [pi'ngouino], *pingouin*

9 Complète le pluriel de ces séquences de mots.

a. el lobo feroz → los ....

b. el paisaje andaluz → los ....

c. ¿Te sientes capaz? → ¿Os sentís ....?

10 Reformule ces séquences de mots en mettant l'adjectif au superlatif en *-ísimo / -ísima*.

a. una bebida fresca → una bebida ....

b. una calle larga → una calle ....

c. un verano seco → un verano ....

11 Donne le diminutif en *-ito / -ita* des mots suivants.

a. una vaca → una ....

b. la colega → la ....

c. una nariz → una ....

MODULE 0 : PRONUNCIACIÓN Y ORTOGRAFÍA

 Voici une série de mots accompagnés de leur prononciation figurée entre crochets. À toi d'ajouter ou non un tréma sur le u.

a. antiguo [a´ntigouo], *ancien*

b. cigueña [THigouégna], *cigogne*

c. antiguedad [a´ntigouédad], *antiquité*

d. portuguesa [poRtouguéssa], *portugaise*

e. águila [aguila], *aigle*

f. igual [igoual], *égal*

g. bilingue [bili´ngoué], *bilingue*

h. bilinguismo [bili´ngouismo], *bilinguisme*

Les modifications orthographiques : les formes verbales

Le principe est toujours le même : il faut conserver le « son » du radical et, pour cela, adapter l'orthographe.

Dans un verbe comme **distinguir**, par exemple, on n'entend pas le **-u** dans le radical. Si tu écris **distinguo** à la 1ʳᵉ personne du présent, le **-u** va apparaître dans la prononciation : [disti´ngouo]. Il faut donc écrire **distingo**, prononcé [disti´ngo], *je distingue*. Dans la suite de la conjugaison, en revanche, le problème disparaît : **distingues**, *tu distingues* ; **distingue**, *il distingue,* etc.

Même chose pour un verbe comme **corregir**. Si tu écris **corrigo**, *je corrige*, tu transformes le son de la **jota** du radical en un son [g]. Il faut donc écrire **corrijo** ; et pour la suite **corriges**, **corrige**, etc.

Le subjonctif présent et le passé simple de ces verbes peuvent poser des problèmes semblables. Prenons l'exemple de **sacar** :
Saco al perro ➔ *Je sors le chien.*
Quiero que lo saques ➔ *Je veux que tu le sortes.*
Saqué al perro ➔ *J'ai sorti le chien.*

 Complète les conjugaisons au présent de l'indicatif des verbes *elegir*, choisir et *seguir*, suivre.

ELI.........O	*je choisis*	SI.........O	*je suis*
ELI.........ES	*tu choisis*	SI.........ES	*tu suis*
ELI.........E	*il / elle choisit*	SI.........E	*il / elle suit*
ELE.........IMOS	*nous choisissons*	SE.........IMOS	*nous suivons*
ELE.........ÍS	*vous choisissez*	SE.........ÍS	*vous suivez*
ELI.........EN	*ils / elles choisissent*	SI.........EN	*ils / elles suivent*

MODULE 0 : PRONUNCIACIÓN Y ORTOGRAFÍA

14 Le verbe *convencer*, convaincre, est un verbe régulier du 2ᵉ groupe (modèle *comer*). Sauras-tu le conjuguer sans fautes d'orthographe au présent de l'indicatif ?

.... je convaincs

.... tu convaincs

.... il / elle convainc

.... nous convainquons

.... vous convainquez

.... ils / elles convainquent

15 Complète la forme verbale de *cruzar*, traverser, dans les traductions suivantes.

Je ne veux pas que tu traverses la rue sans regarder.

a. No quiero que cru................es la calle sin mirar.

Je suis désolé, j'ai traversé sans regarder.

b. Lo siento, cru................é sin mirar.

Je ne traverse jamais sans regarder.

c. Nunca cru................o sin mirar.

16 Même exercice avec le verbe *tocar*, toucher.

Je ne veux pas que tu me touches.

a. No quiero que me to................es.

Nous ne touchons jamais un chien mouillé.

b. Nunca to................amos un perro mojado.

Il ne m'a pas touché.

c. No me to................ó.

MODULE 0 : PRONUNCIACIÓN Y ORTOGRAFÍA

17 Même exercice avec le verbe *pagar*, payer.

Vous payez peu.

a. Pa……………áis poco.

Je t'ai payé la semaine dernière.

b. Te pa……………é la semana pasada.

Je veux que tu me payes tout de suite.

c. Quiero que me pa……………es enseguida.

L'accent tonique : la règle de base

L'accent tonique naturel se trouve sur :
- l'avant-dernière syllabe des mots terminés par une voyelle, un **-n** ou un **-s** : **Espa**ñ**a**, **Car**men, **lu**nes ;
- la dernière syllabe des mots terminés par une consonne (sauf **-n** et **-s**) : Ma**drid**, mu**jer**, espa**ñol**.

Lorsque cet accent tonique n'est pas « à sa place », on l'indique par un accent écrit, toujours aigu : Cana**dá**, Pa**rís**, Pe**kín**, **Cá**diz.

Il est donc toujours écrit lorsqu'il se trouve sur l'antépénultième syllabe : **Mé**xico, **Cór**doba.

18 Voici une série de mots et, en vis-à-vis, un nombre de cases correspondant au nombre de syllabes. La case en fuchsia indique la syllabe portant l'accent tonique. À toi d'écrire — ou pas ! — l'accent aigu sur le mot.

a. examenes   ■ ■ ■ ■
b. arroz   ■ ■
c. miercoles ■ ■ ■
d. movil   ■ ■
e. libertad   ■ ■ ■
f. fisica   ■ ■ ■
g. gratis   ■ ■
h. portatil   ■ ■ ■
i. azucar   ■ ■ ■
j. examen   ■ ■ ■
k. cafe   ■ ■
l. Mediterraneo ■ ■ ■ ■ ■

MODULE 0 : PRONUNCIACIÓN Y ORTOGRAFÍA

19 Ajoute ou non l'accent écrit sur les formes du pluriel.

a. un árbol, *un arbre* / dos arboles
b. un francés, *un Français* / dos franceses
c. un balón, *un ballon* / dos balones
d. un móvil, *un portable* / dos moviles

20 Ajoute ou non l'accent écrit sur les formes du singulier.

a. dos ingleses, *deux Anglais* / un ingles
b. dos pinceles, *deux pinceaux* / un pincel
c. dos limones, *deux citrons* / un limon
d. dos paredes, *deux murs* / una pared

L'accent tonique sur les interrogatifs, les exclamatifs et les homonymes

On écrit obligatoirement l'accent sur les mots interrogatifs et exclamatifs.
¿Qué haces? → *Que fais-tu ?*
¡Cómo brilla el sol! → *Qu'est-ce que le soleil brille !*

La règle s'applique même s'il s'agit d'une interrogation indirecte :
No sé qué hacer → *Je ne sais pas quoi faire.*

L'accent écrit sert également à distinguer les homonymes.

mi amigo, *mon ami*	**para mí**, *pour moi*
tu perro, *ton chien*	**Tú eres francés** → *Toi, tu es français.*
el libro, *le livre*	**para él**, *pour lui* **Él es así** → *Lui, il est comme ça.*
Si vienes → *Si tu viens.*	**Sí, ven** → *Oui, viens.*
Te quiero → *Je t'aime.*	**Quiero té** → *Je veux du thé.*
Se llama Juan → *Il s'appelle Juan.*	**No lo sé** → *Je ne le sais pas.* **Sé bueno** → *Sois gentil.*

MODULE 0 : PRONUNCIACIÓN Y ORTOGRAFÍA

 Faut-il ou non écrire l'accent sur les mots en vert ? À toi de jouer.

a. Me pregunto **cuando** vas a venir.

b. **Cuando** lo sepa, te lo diré.

c. No sé **por que** no vienes mañana.

d. No vengo **porque** no puedo.

e. Trabaja **como** un animal.

f. ¡**Como** trabaja!

g. Dime **cuanto** me vas a pagar.

h. ¡**Cuanta** gente!

i. ¡Es el chico de **quien** te hablé!

j. ¿**Quienes** sois?

22 Complète la traduction de ces phrases.

a. Aimes-tu le thé ?

→ ¿............ gusta ....?

b. Oui, moi j'aime, mais lui, il n'aime pas.

→ ...., a .... me gusta, pero a .... no le gusta.

c. Je ne sais pas si mon ami l'aime.

→ A .... amigo no .... le gusta.

d. Tu mets du sucre dans ton café, toi ?

→ ¿............ le pones azúcar a .... café?

MODULE 0 : PRONUNCIACIÓN Y ORTOGRAFÍA

Bilan

Lire des sigles et des abréviations
1. ....
2. ....
3. ....
4. ....
5. ....
6. ....

La prononciation des diphtongues
7. ....

La prononciation des consonnes : le R, faiblement et fortement roulé
8. ....

Les modifications orthographiques : noms et adjectifs
9. ....
10. ....
11. ....
12. ....

Les modifications orthographiques : les formes verbales
13. ....
14. ....
15. ....
16. ....
17. ....

L'accent tonique : la règle de base
18. ....
19. ....
20. ....

L'accent tonique sur les interrogatifs, les exclamatifs et les homonymes
21. ....
22. ....

Yo, tú, él, ella...

Objectifs

- **Tu vas apprendre à :**
    Te présenter : nom, prénom, diminutif, surnom
    Parler de la famille et des relations familiales
    Parler de ton lieu de résidence
    Dire ton adresse électronique
    Parler de déplacements, des durées et des distances
    Faire un portrait physique, décrire et comparer
    Parler des caractères : ressemblances et différences
    Parler d'attitudes, d'humeurs, d'états de santé

- **Pour cela, tu vas maîtriser :**
    Les conjugaisons de base : **llamar, llamarse, vivir, ser, estar** au présent de l'indicatif
    Les verbes en **-zco** au présent de l'indicatif **(parecerse a)**
    Les ordinaux jusqu'à 10
    L'expression de la durée et de la distance
    L'expression d'une approximation : **más o menos, en torno a, unos/unas**
    Les prépositions et les adverbes de lieu **desde, hasta, lejos, cerca**
    Les adverbes de quantité, de **muchísimo** à **en absoluto**
    Les valeurs de **ser** et **estar** + adjectif
    Lexique : la famille et la belle-famille ; l'état civil ; le lieu de résidence ; le courrier électronique ; le visage ; les caractères et les états d'âme

- **Tu seras aussi capable de :**
    Acheter des vêtements

- **Et tu vas découvrir :**
    Al-Ándalus y la Reconquista (711-1492)

Module 1

MODULE 1 : YO, TÚ, ÉL, ELLA...

Se présenter : nom, prénom, diminutif, surnom

Le nom officiel

Ser et **llamarse** sont les verbes de base servant à se présenter :
Soy Juan ➜ *Je suis Juan.*
Me llamo Ana ➜ *Je m'appelle Ana.*

Retiens aussi **el nombre**, *le prénom*, et **el apellido**, *le nom de famille*. Et souviens-toi que les Espagnols ont un nom de famille double, car ils portent, à la suite, le nom de leurs deux parents.
Mi nombre es Carlos ➜ *Mon prénom est Carlos.*
Mis apellidos son Segura Carretero ➜ *Mon nom de famille est Segura Carretero.*

Les diminutifs

Tu peux aussi dire comment « on t'appelle », si tu as un diminutif usuel. Tu emploies dans ce cas la 3ᵉ personne du pluriel de **llamar** : **Me llaman Juanito / Carlitos / Anita**
➜ *On m'appelle Juanito / Carlitos / Anita.*

Entre amis, le prénom peut être raccourci : **Ale** (Alejandro), **Fede** (Federico), **Rafa** (Rafael), **Adri** (Adriana), **Bea** (Beatriz), **Montse** (Montserrat), etc.
Parfois, il prend même une forme familière.

	prénom officiel	forme familière
garçons	Enrique	Quique
	Ignacio	Nacho
	José	Pepe
	Francisco	Paco
filles	Rosario	Charo
	Consolación	Chelo
	Dolores	Lola
	Mercedes	Merche

Les surnoms

El apodo, *le surnom*, est une tradition très espagnole. Si tu t'intéresses au football, tu entendras souvent parler de **la Pulga**, *la Puce* (Messi), **el Bicho**, *la Bête* (Ronaldo), **el Mago**, *le Magicien* (Iniesta), ou encore **el Fideo**, *le Vermicelle* (Di María).

MODULE 1 : YO, TÚ, ÉL, ELLA...

1 Voici quatre éléments pour présenter le footballeur Iniesta. Coche face à chaque terme la case qui correspond.

	apodo	apellido	diminutivo	nombre
Iniesta Luján				
Andrés				
El Mago				
Andresito				

2 Complète cette présentation du footballeur argentin Messi.

a. Mi .... es Lionel, pero me .... Leo.

b. Mis .... son Messi Cuccitini.

c. Tengo un ....: La Pulga.

3 Traduis les phrases suivantes.

a. J'ai deux prénoms, Diego et Armando.

→ ....

b. Le diminutif de mon prénom est Dieguito.

→ ....

c. Mon nom de famille est Maradona Franco.

→ ....

d. On m'appelle El Pelusa.

→ ....

17

MODULE 1 : YO, TÚ, ÉL, ELLA...

La famille et les relations familiales

el estado civil	
casado/-a	*marié(e)*
soltero/-a	*célibataire*
divorciado/-a	*divorcé(e)*
viudo/-a	*veuf, veuve*

Les Espagnols distinguent **la familia**, *la famille directe*, et **la familia política**, *la belle-famille*. Tu vas voir le nom de toutes ces relations de parenté dans la boîte à mots ci-dessous.

Tu pourras trouver certains des termes ci-contre employés avec **ser** ou avec **estar**. Si tu parles de façon abstraite de l'état civil d'une personne, ce sera **ser** :
Es casado ➜ *Il est marié.*
Soy divorciada ➜ *Je suis divorcée.*

Si tu parles d'une situation personnelle, ce sera plutôt **estar** :
Está casado con una actriz ➜ *Il est marié avec une actrice.*
Mis padres están divorciados ➜ *Mes parents sont divorcés.*

Famille et belle-famille

el padre	*le père*		
la madre	*la mère*		
los padres	*les parents*		
el hermano	*le frère*		
la hermana	*la sœur*		
el abuelo	*le grand-père*		
la abuela	*la grand-mère*		
el nieto	*le petit-fils*	la prima	*la cousine*
la nieta	*la petite-fille*	el cuñado	*le beau-frère*
el tío	*l'oncle*	la cuñada	*la belle-sœur*
la tía	*la tante*	el yerno	*le gendre*
el sobrino	*le neveu*	la nuera	*la belle-fille*
la sobrina	*la nièce*	el suegro	*le beau-père*
el primo	*le cousin*	la suegra	*la belle-mère*

MODULE 1 : YO, TÚ, ÉL, ELLA...

4 Apprends le nom des relations de parenté. Sans consulter à nouveau la boîte, déduis le prénom des membres de cette famille à partir des informations fournies ; écris-le dans l'étiquette correspondante.

- Carmen es viuda.
- Andrea es madre soltera.
- Los padres de Paula están divorciados.
- Paula es sobrina de Julia.
- Miguel era suegro de Pedro.
- Pedro y Guillermo son cuñados.
- Sofía es ex nuera de Carmen.
- Andrea y Julia son tías de Javier.
- Isabel es prima de Paula.
- Juan es hijo único.
- Pablo es nieto de Carmen.

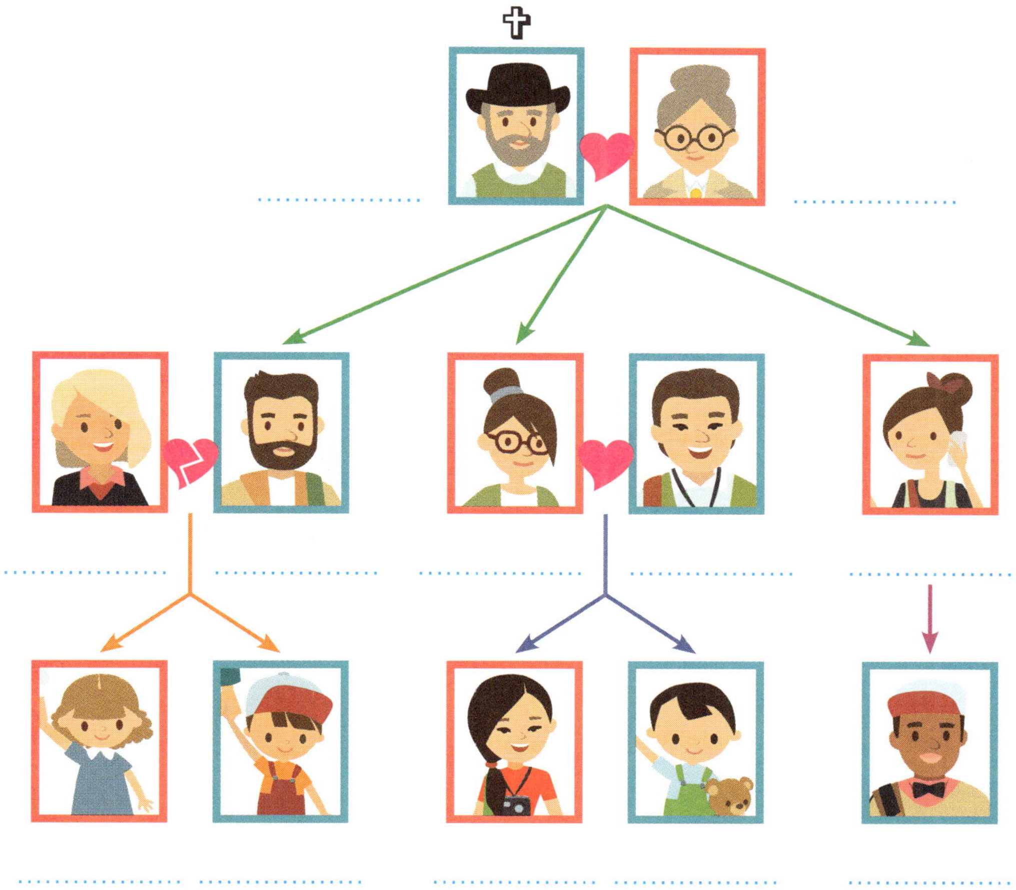

Parler de son lieu de résidence

Vivir, *vivre*, est un des modèles de conjugaison régulière. Tu peux l'utiliser avec le sens d'*habiter*, suivi de **en** :
Vivo en Francia ➔ *J'habite en France.*
Vive en Madrid ➔ *Il habite à Madrid.*

Remarque le mot **chalé**, qui est un faux ami : ce n'est pas un chalet à la montagne, mais simplement *une maison individuelle, un pavillon.*

Planta et **piso** signifient tous deux *étage* (**piso** signifie aussi *appartement*). Pour compter les étages, on utilise ordinairement les ordinaux jusqu'à dix et les cardinaux ensuite :
Vivo en el quinto piso
➔ *J'habite au cinquième étage.*
Vivimos en la planta once
➔ *Nous habitons au onzième étage.*

La casa désigne génériquement *la maison*.
On l'utilise sans article dans les expressions où **casa** suit une préposition :
En casa, *à la maison.*

les ordinaux	
primero(a)	*premier, -ère*
segundo(a)	*deuxième*
tercero(a)	*troisième*
cuarto(a)	*quatrième*
quinto(a)	*cinquième*
sexto(a)	*sixième*
séptimo(a)	*septième*
octavo(a)	*huitième*
noveno(a)	*neuvième*
décimo(a)	*dixième*

Le lieu de résidence

el piso	*l'appartement / l'étage*
el edificio	*l'immeuble*
el chalé	*le pavillon*
el barrio	*le quartier*
el centro ciudad	*le centre-ville*
las afueras	*la banlieue*
la planta	*l'étage*
planta baja	*le rez-de-chaussée*
izquierda	*gauche*
derecha	*droite*

MODULE 1 : YO, TÚ, ÉL, ELLA...

 Traduis les minidialogues suivants.

a. Où vivez-vous ? ....
b. Nous habitons un pavillon, dans la banlieue de Barcelone.

....

c. Où vis-tu ? ....
d. J'habite à Séville, dans un quartier du centre-ville.

....

e. Où ton oncle habite-t-il ? ....
f. Il habite à Madrid, au rez-de-chaussée d'un immeuble de cinq étages.

....

 Voici six boîtes aux lettres d'un immeuble. Dis qui habite à l'étage indiqué.

Daniel ORTIZ MANZANARES
Patricia TOLEDO BERNAD
4º Dcha.

Domingo PÉREZ LÓPEZ
Teresa PELLICER RUIZ
7º Izq.

Prudencia GUILLÉN FERNÁNDEZ
5º Izq.

Juan José
LEYVA RODRÍGUEZ
8º Dcha.

Concepción ARENAL BURGOS
9º Dcha.

Miguel PINO ANTÚNEZ
Fernanda ALDAZÁBAL GUTIÉRREZ
6º Izq.

a. ....
en el noveno derecha.

b. ....
en el séptimo izquierda.

c. ....
en el cuarto derecha.

21

MODULE 1 : YO, TÚ, ÉL, ELLA...

7 Sur le même principe qu'à l'exercice précédent, complète les phrases.

a. Prudencia Guillén Fernández vive ....
....

b. Juan José Leyva Rodríguez vive ....
....

c. Miguel Pino Antúnez y Fernanda Aldazábal Gutiérrez viven ....
....

8 Réponds à ces questions en reprenant le verbe pour compléter les phrases données (les réponses comprennent systématiquement « maison »).

a. ¿Adónde vas?

.... casa.

b. ¿Dónde estáis?

.... casa.

c. ¿De dónde viene Diego?

.... casa
de sus abuelos.

d. ¿Por dónde pasa usted?

.... casa
de mi hermano a coger una cosa.

Dire son adresse électronique

L'anglicisme **el mail** est courant pour désigner en espagnol le courrier électronique ; mais on dit tout aussi fréquemment **el correo electrónico**, ou même simplement **el correo** :
¿Me dices tu correo, por favor? → *Tu me dis ton courrier, s'il te plaît ?*

Pour lire l'adresse, l'extension pour l'Espagne, **.es**, se lit **punto es**. Tu trouveras les autres termes utiles dans la boîte à mots.

MODULE 1 : YO, TÚ, ÉL, ELLA...

Concernant l'arobase, sache que le terme a une origine espagnole : **la arroba**, que l'on notait **@**, était une ancienne mesure de poids correspondant à un quart de quintal. En fait, comme beaucoup de termes commerciaux et techniques espagnols, l'étymologie du mot est arabe : الربع, **ar-rub'**, *le quart*.

Autre curiosité : on utilise parfois aujourd'hui le symbole de l'arobase, à l'écrit, comme un raccourci pour dire à la fois le féminin et le masculin : **Hola amig@s** ➜ *Salut, les ami(e)s*. On considère en effet que le symbole **@** contient à la fois un **o** et un **a**.

Le courrier électronique

el correo	*le courrier*	guion bajo	*tiret bas*
arroba	*arobase*	punto	*point*
guion	*tiret*	todo junto	*tout ensemble*

9 Dans les bulles se trouvent trois adresses électroniques, écrites sans séparation, telles que tu les entendrais à l'oral si on te les disait « vite fait ». Identifie-les parmi les six propositions écrites d'adresses électroniques.

a. juanpuntokaconkadekiloguioncardenasarrobatelefonicapuntoes

b. juancatodojuntoguionbajocardenasarrobatelefonicapuntoes

c. juanguioncapuntocardenasarrobatelefonicapuntoes

	a	b	c
juanka-cardenas@telefonica.es			
juan-ca.cardenas@telefonica.es			
juan.ca_cardenas@telefonica.es			
juan.ka-cardenas@telefonica.es			
juan_ca.cardenas@telefonica.es			
juanca_cardenas@telefonica.es			

MODULE 1 : YO, TÚ, ÉL, ELLA...

Parler de déplacements, des durées et des distances

Tu peux estimer tes déplacements en distances, **metros** et **kilómetros**.
Desde casa hasta el gimnasio hay quinientos metros → *De chez moi jusqu'au gymnase, il y a cinq cents mètres.*

Le verbe **tardar** exprime la durée du trajet. S'il est associé à un verbe à l'infinitif, ce sera **tardar** *x* **minutos en** + infinitif :
Tardo diez minutos en ir desde casa al colegio → *Je mets dix minutes pour aller de chez moi au collège.*

Toutes ces estimations peuvent être approximatives. En dehors des locutions adverbiales *(autour de, plus ou moins)*, tu peux aussi utiliser l'indéfini pluriel **unos/unas**, qui signifie *environ* (si bien sûr le terme qui suit est au pluriel) :
Tardo unos diez minutos en levantarme → *Je mets environ dix minutes à me lever.*
El tren tarda unas dos horas → *Le train met environ deux heures.*

Les durées et les distances

desde	depuis
hasta	jusqu'à
la distancia	la distance
el metro	le mètre
el kilómetro	le kilomètre
lejos	loin
cerca	près
la duración	la durée
el minuto	la minute
la hora	l'heure
en torno a	autour de
más o menos	plus ou moins
andando	à pied
en coche	en voiture
en autobús	en bus

10 Tu vas organiser deux déplacements dans et autour de Grenade : à l'Alhambra, le grand palais des derniers rois maures, et à Sierra Nevada, pour faire du ski. Étudie d'abord la boîte à mots puis fais les exercices sans la consulter. Commence par traduire les deux phrases.

		Centro Granada Alhambra	Centro Granada Sierra Nevada
	distancia	1.150 m	26 km
duración	en autobús		± 1 h
	en coche		± 45 m
	andando	± 20 m	

a. L'Alhambra est près du centre-ville.

....

b. La Sierra Nevada est plus loin.

....

MODULE 1 : YO, TÚ, ÉL, ELLA...

11 **Réponds aux questions en faisant des phrases complètes et en écrivant les chiffres en toutes lettres.**

a. ¿Qué distancia hay desde el centro ciudad hasta la Alhambra?

....
....

b. ¿Qué distancia hay desde el centro ciudad hasta Sierra Nevada?

....
....

12 **Complète la phrase suivante en donnant trois possibilités.**

Desde el centro de Granada hasta la Alhambra se tardan ....
..../........................
..../........................
.... veinte minutos andando.

MODULE 1 : YO, TÚ, ÉL, ELLA…

13 Sur le même principe qu'à l'exercice précédent, rédige deux phrases pour exprimer la durée des trajets indiqués.

a. [Centro Granada → Sierra Nevada en bus / deux possibilités]

....
....
....

b. [Centro Granada → Sierra Nevada en voiture / trois possibilités]

....
....
....
....

Le portrait physique : décrire et comparer

Tu as étudié dans les classes précédentes la description du corps humain. Faisons un gros plan sur le visage pour apprendre de nouveaux mots. Précisons aussi l'usage de quelques termes :

- **moreno** peut qualifier à la fois la couleur des cheveux et le teint de la peau : **Es moreno** → *Il est brun / Il a la peau mate* ; **Es morena** → *Elle est brune / Elle a la peau mate.*

- **rubio** et **pelirrojo** ne s'emploient que pour les cheveux ; on dit donc directement : **Somos rubios** → *Nous sommes blonds* ; **Sois pelirrojas** → *Vous êtes rousses.*

- pour **castaño**, *châtain*, il vaut mieux dire : **Tengo el pelo castaño** → *J'ai les cheveux châtains.*

Le visage

claro/-a	*clair(e)*	las pecas	*les taches de rousseur*
el moño	*le chignon*	las pestañas	*les cils*
la cara	*le visage*	los labios	*les lèvres*
la mejilla	*la joue*	oscuro/-a	*sombre, foncé(e)*
la piel	*la peau*	ovalado/-a	*ovale*
la trenza	*la tresse*	redondo/-a	*rond(e)*
las cejas	*les sourcils*		

MODULE 1 : YO, TÚ, ÉL, ELLA...

 Les portraits de Berta et Lucía se sont mélangés ! Réécris séparément chaque description.

Su cara es redonda. Los ojos son oscuros, casi negros. Es rubia y lleva el pelo largo recogido en un moño. Tiene muchas pecas. Es muy morena y lleva trenzas. La boca es fina y cuando sonríe asoman unos dientes pequeños. Tiene una cara ovalada, con una piel muy clara. Siempre está riendo y sus labios carnosos descubren dientes grandes y blancos. Tiene ojos grandes y negros, con pestañas larguísimas.

Berta

Lucía

MODULE 1 : YO, TÚ, ÉL, ELLA...

Parler des caractères : ressemblances et différences

Comme la nationalité ou l'aspect physique, le caractère, les qualités et les défauts font partie de l'identité de la personne ; c'est donc le verbe **ser** qui va les exprimer :
Es inteligente → *Il est intelligent.*   **Eres egoísta** → *Tu es égoïste.*

Como, *comme*, est l'outil de base pour comparer : **Soy como tú** → *Je suis comme toi.*
Tu peux aussi dire **Soy igual que tú** → *Je suis pareil à toi* ; ou **Soy diferente** → *Je suis différent.*

Il y a aussi un verbe : **parecerse a**, *ressembler à*. Comme la presque totalité des verbes terminés en **-acer**, **-ecer**, **-ocer**, **-ucir**, la 1re personne du singulier est en **-zco** (la suite est régulière) :
¿A quién te pareces? → *À qui ressembles-tu ?*
Me parezco a mi madre → *Je ressemble à ma mère.*

Tu peux nuancer en utilisant les adverbes de quantité suivants. Remarque **en absoluto**, qui est un faux ami et qui signifie *absolument pas, pas du tout*.

+	Te pareces muchísimo a Juan.	*Tu ressembles énormément à Juan.*
	Nos parecemos mucho.	*Nous nous ressemblons beaucoup.*
	Os parecéis bastante.	*Vous vous ressemblez assez.*
−	Me parezco un poco a mi hermano.	*Je ressemble un peu à mon frère.*
	Se parecen muy poco.	*Ils se ressemblent très peu.*
	No se parece en absoluto a su hijo.	*Il ne ressemble pas du tout à son fils.*

Les caractères

aventurero/-a	*aventurier, -ière*	ordenado/-a	*ordonné(e)*
enérgico/-a	*énergique*	paciente	*patient(e)*
imaginativo/-a	*imaginatif, -ive*	práctico/-a	*pratique*
impaciente	*impatient(e)*	rápido/-a	*rapide*
intelectual	*intellectuel(le)*	reflexivo/-a	*réfléchi(e)*
intuitivo/-a	*intuitif, -ive*	sensible	*sensible*
lógico/-a	*logique*	soñador(a)	*rêveur, -euse*
cerebral	*cérébral(e)*	trabajador(a)	*travailleur, -euse*

MODULE 1 : YO, TÚ, ÉL, ELLA...

15 Les signes du zodiaque se répartissent en quatre éléments : *fuego*, *tierra*, *aire*, *agua*, qui incarnent chacun un type de caractère. Tu disposes dans la boîte à mots de seize adjectifs : reporte dans chaque colonne les quatre qui te semblent le mieux correspondre à la vertu représentée par l'élément concerné.

FUEGO (la acción)	TIERRA (el realismo)	AIRE (las ideas)	AGUA (el sentimiento)
Aries, Leo, Sagitario	Tauro, Virgo, Capricornio	Géminis, Libra, Acuario	Cáncer, Escorpio, Piscis

16 Rédige les six phrases correspondant à ce tableau en utilisant *parecerse a* et les six adverbes donnés dans la leçon (le bleu le plus foncé indique la plus grande ressemblance ; le plus clair la plus petite). Exemple : a. Tu ressembles un peu à ta sœur.

	tu hermana	Javier
tú	a	b
yo	c	d
nosotros	e	f

a. ....

b. ....

c. ....

d. ....

e. ....

f. ....

MODULE 1 : YO, TÚ, ÉL, ELLA...

Parler d'attitudes, d'humeurs, d'états de santé

Tous les éléments cités dans le titre de la leçon ont un point commun : ils disent ce qui arrive à une personne à un moment donné. À un autre moment, on suppose que les choses auront changé : on n'utilise donc pas le verbe **ser**, qui parle de l'identité, mais **estar**.

Les états d'âme et de santé, les attitudes

asustado/-a	*effrayé(e)*	enfadado/-a	*fâché(e)*
cansado/-a	*fatigué(e)*	enfermo/-a	*malade*
contento/-a	*content(e)*	enganchado/-a	*accro (familier)*
de buen humor	*de bonne humeur*	furioso/-a	*furieux, -euse*
de mal humor	*de mauvaise humeur*	preocupado/-a	*inquiet, -ète*
de pie	*debout*	resfriado/-a	*enrhumé(e)*
enamorado/-a	*amoureux, -euse*	sorprendido/-a	*surpris(e)*
encantado/-a	*ravi(e), enchanté(e)*	de rodillas	*à genoux*

17 Les légendes de ces pictogrammes commencent toutes par *estar de...* Complète-les pour dire l'humeur ou l'attitude des personnages.

a. Están de ....

b. Estoy de ....

d. Estamos de ....

c. Está de ....

MODULE 1 : YO, TÚ, ÉL, ELLA...

18 Les cinq pictogrammes représentent des états d'âme ou de santé qui commencent tous par les lettres *en-*. À toi de compléter les phrases.

 a. Remedios y Guillermo están muy ....

b. Mi hija está muy .... al móvil.

 c. Estoy ...., doctor.

d. Estamos .... con nuestro nuevo coche.

 e. ¿Vosotras estáis ....?

19 Traduis ces phrases.

a. Je suis très enrhumée. → ....

b. Nous sommes fatigués. → ....

c. Pourquoi es-tu content ? → ....

d. Êtes-vous inquiète, madame ? → ....

e. Nous sommes effrayés. → ....

f. Le professeur n'est pas content. → ....

g. Vous êtes furieuses. → ....

MODULE 1 : YO, TÚ, ÉL, ELLA...

Les adjectifs employés avec *ser* et *estar*

En principe, tu l'as vu, le sens de l'adjectif fait qu'on l'utilise avec **ser** ou avec **estar** :
Es alto → *Il est grand* (trait d'identité).   **Está sola** → *Elle est seule* (situation).

Certains adjectifs, cependant, peuvent s'employer avec l'un ou l'autre verbe, mais le sens va alors subtilement changer. Tu peux dire par exemple :
El sol es amarillo → *Le soleil est jaune* (sa couleur naturelle).
Este papel está amarillo → *Ce papier est jaune* (il a jauni, ce n'est pas sa vraie couleur).

Parfois le sens peut changer radicalement :
No es listo → *Il n'est pas intelligent.*   **No está listo** → *Il n'est pas prêt.*

 **Complète la traduction de ces phrases, en fonction du sens des adjectifs, avec *ser* ou *estar* conjugués.**

a. *Elles sont idéalistes.* .... idealistas.

b. *Es-tu satisfait ?* ¿............................. satisfecho?

c. *Je suis déçue.* .... decepcionada.

d. *Marta est originale.* Marta .... original.

e. *Nous sommes assis.* .... sentados.

f. *Vous êtes généreux.* .... usted generoso.

 Voici cinq adjectifs pouvant s'employer avec *ser* ou avec *estar*. Mais, bien sûr, le sens sera différent... À toi de choisir !

BUENO
a. El aceite de oliva .... bueno. [bon pour la santé]
b. Este aceite de oliva .... bueno. [bon au goût]

MALO
c. Tu perro .... malo. [méchant]
d. Tu perro .... malo. [malade]

MORENO
e. Belén .... muy morena. [bronzée]
f. Belén .... muy morena. [brune]

CARO
g. Las gambas .... caras. [en général]
h. Las gambas .... caras. [aujourd'hui]

JOVEN
i. Mi padre .... muy joven. [âge]
j. Mi padre .... muy joven. [aspect]

MODULE 1 : YO, TÚ, ÉL, ELLA...

TÂCHES PRATIQUE :
ACHETER DES VÊTEMENTS

La ropa, au singulier, désigne collectivement *les vêtements*. On parle ainsi de **una tienda de ropa**, *un magasin de vêtements*, ou de **ropa de verano**, *vêtements d'été*. En plus du nom des habits, que tu vas voir dans la boîte à mots, il te faudra du vocabulaire et des formules pour :

- **Faire ta demande**

Quisiera... → *Je voudrais...*
Estoy buscando → *Je cherche...*
Necesito... → *J'ai besoin de...*

- **Dire ta taille et essayer**

Gasto ou **Uso una talla 40** → *Je fais du 40.*
Me lo voy a probar → *Je vais l'essayer.*

grande	*grand(e)*	corto/-a	*court*
pequeño/-a	*petit(e)*	las mangas	*les manches*
ancho/-a	*large*	el cuello	*le col*
estrecho/-a	*étroit(e)*	la cintura	*la taille*
largo/-a	*long(ue)*	los hombros	*les épaules*

- **Dire comment ça te va**

Quedar est un peu le verbe à tout faire.
Il sert pour donner une impression générale :
Me queda bien / regular / mal → *Ça me va bien / moyen / mal.*
Tu peux aussi l'utiliser avec des adjectifs :
Me queda ancho de cintura → *C'est large à la taille.*
(littéralement : Ça me va large de taille).
Te queda largo de mangas → *Les manches sont trop longues.*
(littéralement : Ça te va long de manches).

- **Parler du prix**

¿Cuánto cuesta? → *Ça coûte combien ?*
Es caro/barato → *C'est cher / bon marché.*
¡Es una ganga! → *C'est une bonne affaire !*

MODULE 1 : YO, TÚ, ÉL, ELLA...

Les vêtements

un chándal	un survêtement
un abrigo	un manteau
un cinturón	une ceinture
un gorro	un bonnet
un jersey	un pull
un pantalón	un pantalon
un vestido	une robe
una bufanda	une écharpe
una camisa	une chemise
una camiseta	un tee-shirt

una cazadora	un blouson
una chaqueta	une veste
una falda	une jupe
una gorra	une casquette
una minifalda	une minijupe
una sudadera	un sweat-shirt
unas deportivas / unas zapatillas	des baskets
unos calcetines	des chaussettes
unos vaqueros	des jeans
unos zapatos	des chaussures

22 Réordonne les mots pour composer une phrase correcte.

a. Buenos   buscando   días,   estoy   unas   hijo.   mi   para   zapatillas

....

b. de   estrecho   Este   hombros.   me   poco   queda   un   chándal

....

c. baratísimos,   vaqueros   son   Estos   ganga.   una   verdadera

....

23 Traduis les phrases que tu as trouvées.

a. ....

b. ....

c. ....

34

MODULE 1 : YO, TÚ, ÉL, ELLA...

 Tu vas devoir compléter ce dialogue entre un vendeur et un client et la grille qui l'accompagne (ce sont les mots manquants, numérotés selon leur place dans le dialogue). Aide-toi de la leçon et de la boîte à mots.

- Buenas tardes, quisiera una .... [8].

- ¿Qué .... [3] usas?

- .... [9] una cuarenta, pero a veces la treinta y ocho me queda bien.

- Tengo esta, en negro, no es muy .... [5] y está muy bien.

- Sí, gracias, me la voy a .... [4].

- Entonces, ¿qué tal te .... [2]?

- ¡Fatal! Me queda ancha de .... [7], estrecha de .... [1] y larga de .... [6]!

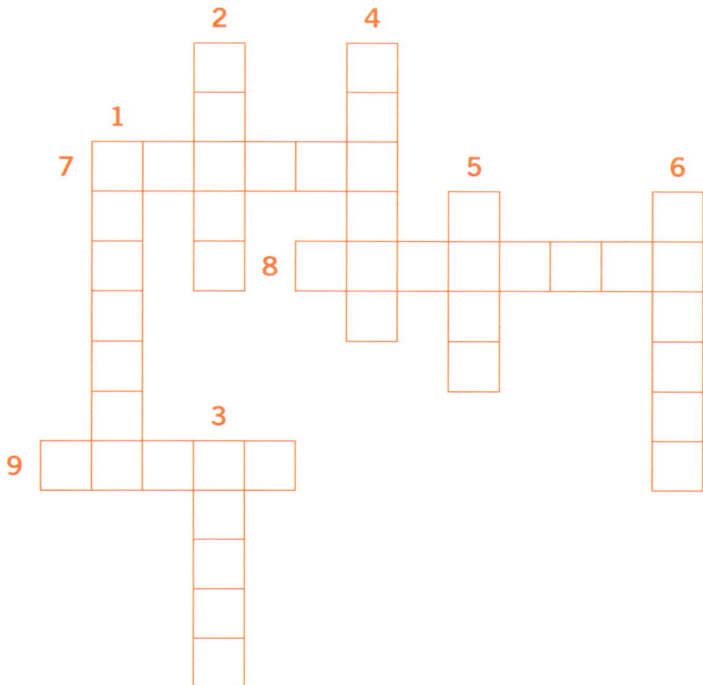

35

MODULE 1 : YO, TÚ, ÉL, ELLA...

DÉCOUVERTE CULTURELLE : AL-ÁNDALUS Y LA RECONQUISTA (711-1492)

711: los primeros protagonistas

En el año 711, el jefe bereber **Tarik ibn Ziyad** cruza el Estrecho de Gibraltar al mando de unos 7000 hombres y derrota las tropas del último rey visigodo de España, don Rodrigo. Es el principio de la gran conquista musulmana que llega en pocos años hasta Poitiers (732). Salvo en zonas del norte, toda la península queda ocupada: al-Ándalus es, históricamente, el nombre de los territorios ibéricos ocupados por los musulmanes.

Los gobernantes

Alfonso I (693-757), rey de Asturias, fue el único en mantenerse independiente, en las montañas del norte de España. Se le considera el iniciador de la Reconquista, pero esta fue un proceso largo y complejo que duró casi ocho siglos.

Abderramán I (731-788), primer emir de al-Ándalus, inicia la construcción de la mezquita de Córdoba, la más grande fuera del mundo islámico.

Abderramán III (889-961) funda el califato independiente de Córdoba, haciendo de la capital de al-Ándalus la mayor metrópoli de Occidente (500 000 habitantes): es, durante casi un siglo, el apogeo político y cultural de la España musulmana.

Alfonso X el Sabio (1221-1284), rey de Castilla y León, fue un gran promotor de la ciencia y la literatura. Bajo su reinado se fija la lengua castellana, el español.

Los guerreros

Las fronteras entre territorios islámicos y cristianos fueron escenario de incesantes batallas. Hubo grandes figuras de guerreros, como el jefe musulmán **Almanzor**, "El Victorioso", (940-1002) y el noble castellano **Rodrigo Díaz de Vivar**, "El Cid" (1043-1099). Uno llegó hasta Santiago de Compostela y el otro conquistó Valencia a los musulmanes. Su apodo deriva del árabe سيد sīdi, señor.

1492: los últimos protagonistas

Tras ocho siglos de expansión territorial de los reinos cristianos, solo queda un enclave musulmán: el reino de Granada. La Reconquista termina el 2 de enero de 1492 cuando el rey **Boabdil** entrega las llaves de la ciudad a los Reyes Católicos, **Isabel de Castilla** y **Fernando de Aragón**.

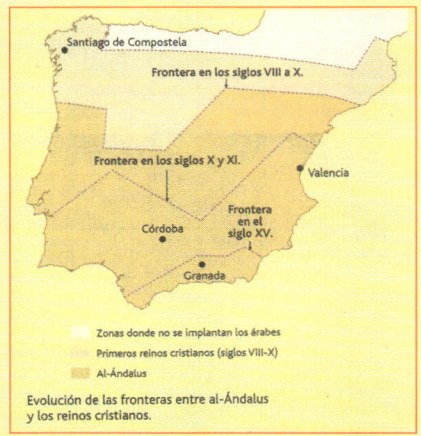

Evolución de las fronteras entre al-Ándalus y los reinos cristianos.

MODULE 1 : YO, TÚ, ÉL, ELLA...

25 Cherche dans les textes la traduction de ces mots.

a. conquête ....
d. royaume ....

b. mosquée ....
e. règne ....

c. reconquête ....

26 Situe dans le temps ces personnages et ces événements historiques.

	Boabdil	Don Rodrigo	Fernando de Aragón	Isabel de Castilla	Tarik ibn Ziyad	apogeo de la España musulmana	se fija el castellano
Siglo VIII							
Siglos X-XI							
Siglo XIII							
Siglo XV							

27 ¿Verdad o mentira?

                                                            V   M

a. Al-Ándalus es el nombre árabe de Andalucía. ☐ ☐

b. El Cid fue un jefe de guerra musulmán. ☐ ☐

c. El último reino musulmán fue Granada. ☐ ☐

d. La mayor mezquita de Occidente está en Córdoba. ☐ ☐

e. La Reconquista comenzó en Asturias. ☐ ☐

f. Los musulmanes conquistaron toda la península ibérica. ☐ ☐

MODULE 1 : YO, TÚ, ÉL, ELLA…

Bilan

🙂 😐 ☹️

Se présenter : nom, prénom, diminutif, surnom
1. ………
2. ………
3. ………

La famille et les relations familiales
4. ………

Parler de son lieu de résidence
5. ………
6. ………
7. ………
8. ………

Dire son adresse électronique
9. ………

Parler de déplacements, des durées et des distances
10. ………
11. ………
12. ………
13. ………

Le portrait physique : décrire et comparer
14. ………

Parler des caractères : ressemblances et différences
15. ………
16. ………

Parler d'attitudes, d'humeurs, d'états de santé
17. ………
18. ………
19. ………

Les adjectifs employés avec *ser* et *estar*
20. ………
21. ………

Tâches pratiques

Acheter des vêtements
22. ………
23. ………
24. ………

Découverte culturelle

Al-Ándalus y la Reconquista (711-1492)
25. ………
26. ………
27. ………

El gusto es mío

Objectifs

- **Tu vas apprendre à :**
  Dire qui tu aimes et ce qui te plaît
  Parler de ce que tu aimes de façon familière
  Parler des différentes saveurs
  Exprimer des ressentis : peur, peine, honte, etc.
  Exprimer des ressentis dans une phrase complexe
  Exprimer les sympathies et les antipathies
  Exprimer les sentiments dans un langage familier
  Exprimer le regret, la nostalgie, le remords
  T'exclamer

- **Pour cela, tu vas maîtriser :**
  Le présent de l'indicatif des verbes à diphtongue
  (querer, preferir)
  Le présent de l'indicatif et du subjonctif des verbes :
  - à affaiblissement **(pedir, servir, elegir)**
  - en -go **(tener, hacer, salir)**
  - en -zco **(conocer, conducir)**

  Quelques emplois du subjonctif dans la subordonnée
  L'emploi de verbes à construction indirecte :
  - **gustar, agradar, desagradar**
  - **dar** + un ressenti **(asco, miedo, vergüenza, gusto, pereza, lástima, rabia)**

  L'usage de l'article neutre **lo**
  La construction de la phrase exclamative
  Lexique : quelques termes de la langue familière **(molar, chulo, guay, pasada, rollo)** ; saveurs et aliments ; musique et instruments.

- **Tu seras aussi capable de :**
  Demander une tartine, faire un sandwich

- **Et tu vas découvrir :**
  El español y el árabe

Module 2

MODULE 2 : EL GUSTO ES MÍO

Dire qui tu aimes et ce qui te plaît

Le français utilise le même verbe – *aimer* – aussi bien pour exprimer les sentiments *(J'aime ma grand-mère)* que pour dire les goûts personnels *(J'aime le chocolat)*. Comme tu le sais, l'espagnol distingue dans ce cas **querer (Quiero a mi abuela)** et **gustar (Me gusta el chocolate,** mot à mot : *le chocolat me plaît)*.

Querer est un verbe à diphtongue.

Gustar est un verbe à construction indirecte : il s'accorde avec le sujet réel (ce qui plaît) et se construit avec un pronom personnel indirect (la personne à qui quelque chose plaît). **Gustar** peut donc être au singulier **(gusta)** ou au pluriel **(gustan)** :
¿Os gusta el pan? → *Vous aimez le pain ?*
¿Te gustan los helados? → *Tu aimes les glaces ?*

quiero	me gusta(n)
quieres	te gusta(n)
quiere	le gusta(n)
queremos	nos gusta(n)
queréis	os gusta(n)
quieren	les gusta(n)

En vérité, **gustar** peut se conjuguer à toutes les personnes !
Tu peux par exemple dire :
No le gusto → *Il ne m'aime pas* (= Je ne lui plais pas).
¿Le gustas? → *Tu lui plais ?*

❶ Gustar ou querer ? Remplace le cœur par le verbe approprié et rédige les phrases.

a. ella ♥ su hermana → ....

b. ellos ♥ los conciertos → ....

c. nosotros ♥ las fiestas → ....

d. tú ♥ tus amigos → ....

e. vosotros ♥ viajar → ....

f. yo ♥ mis abuelos → ....

MODULE 2 : EL GUSTO ES MÍO

2 Dans ces phrases, remplace *gustar más*, plaire davantage, par *preferir*, préférer, verbe à diphtongue.

a. ¿Qué equipo te gusta más? ....

b. ¿Os gusta más París o Marsella? ....

c. Nos gustan más los equipos españoles. ....

d. A mis amigos les gusta más el baloncesto. ....

e. Me gustan más los deportes individuales. ....

f. ¿A usted quién le gusta más, Messi o Ronaldo? ....

3 Traduis ces phrases en te servant de *gustar*.

a. Je te plais ?

b. Vous leur plaisez ?

c. Nous ne lui plaisons pas.

d. Ils ne me plaisent pas.

e. Tu ne me plais pas.

MODULE 2 : EL GUSTO ES MÍO

Parler de ce que l'on aime de façon familière

L'espagnol que tu apprends au collège, c'est l'espagnol standard. Mais la langue qu'emploient les jeunes Espagnols de ton âge est nettement plus colorée... Sans entrer dans le registre grossier, apprenons un peu cet espagnol familier.

Pour les goûts, par exemple, tu as **molar**, *kiffer*. Attention : le verbe se construit comme **gustar** : **Me mola** → *Je kiffe*. Tu peux aussi l'employer sans pronom : **Mola**, tout seul, signifie *C'est super, c'est top*.
Me molan les pelis de terror → *Je kiffe les films d'horreur.*
Mola quedarse en casa viendo pelis → *C'est super de rester à la maison à voir des films.*

Mola est souvent accompagné d'un équivalent de « beaucoup ». À la place de **mucho**, tu diras familièrement **mogollón**, ou **mazo**, termes très familiers :
Mola mogollón / Mola mazo → *C'est de la bombe / C'est de la balle.*

4 Remets dans l'ordre les éléments de chaque zone et écris la phrase que tu obtiens.

MOLAN | **LE** | **EXÁMENES** | **ALUMNO** | **A** | **LOS** | **NINGÚN**

a. ....

GRUPO | **MOGOLLÓN** | **CANCIONES** | **DE** | **PREFERIDO** | **LAS** | **MI** | **MOLAN**

b. ....

MI | **LA** | **MOLA** | **ESCUCHA** | **QUE** | **MÚSICA** | **MAZO** | **PRIMO**

c. ....

5 Traduis les phrases que tu as trouvées à l'exercice précédent.

a. ....

b. ....

c. ....

MODULE 2 : EL GUSTO ES MÍO

Parler des différentes saveurs

Comme presque tous les mots terminés en **-or, sabor** est masculin en espagnol : **el sabor**, *la saveur*. Les noms des différentes saveurs sont des adjectifs qui qualifient un nom ; tu diras donc par exemple : **La mermelada es dulce** ➜ *La confiture est sucrée.*

Pour en parler de façon abstraite (« le sucré », « le salé »), découvre l'article neutre espagnol : **ni el** (masculin) **ni la** (féminin), **mais lo** (ce qui est…).
No me gusta lo dulce ➜ *Je n'aime pas le sucré.*

Il n'y a pas que **gustar** pour dire ce qui te plaît ou non ! Enrichis ton vocabulaire.
- Verbes **agradar** et **desagradar**
  Me agrada lo dulce ➜ *J'aime bien le sucré* (= Le sucré m'est agréable).
  Me desagrada lo salado ➜ *Je n'aime pas le salé* (= Le salé m'est désagréable).
- Tournure indirecte **dar asco**
  Me da asco lo picante ➜ *Le piquant me dégoûte.*
- Tournure **volver loco**
  Me vuelve loco lo amargo ➜ *Je raffole de ce qui est amer* (= L'amer me rend fou).

Les saveurs et les aliments

ácido/-a	acide	el bacalao	la morue
agrio/-a	aigre	el limón	le citron
amargo/-a	amer, -ère	el turrón	le nougat
dulce	sucré(e)	el vinagre	le vinaigre
picante	piquant(e)	la cerveza	la bière
salado/-a	salé(e)	la guindilla	le piment

MODULE 2 : EL GUSTO ES MÍO

6 Mémorise les mots donnés dans la boîte puis, sans la consulter, associe dans une courte phrase un aliment et une saveur. Exemple : a. La morue est salée.

a. ....

b. ....

c. ....

d. ....

e. ....

f. ....

7 Voici un tableau avec trois aliments et six personnes (dans la colonne verte, celles qui les aiment bien ; dans la rouge, celles qui en raffolent).
Complète les phrases données selon ce modèle :
a. Tu manges de la morue parce que tu aimes bien le salé.
b. Je mange beaucoup de morue parce que je raffole du salé.

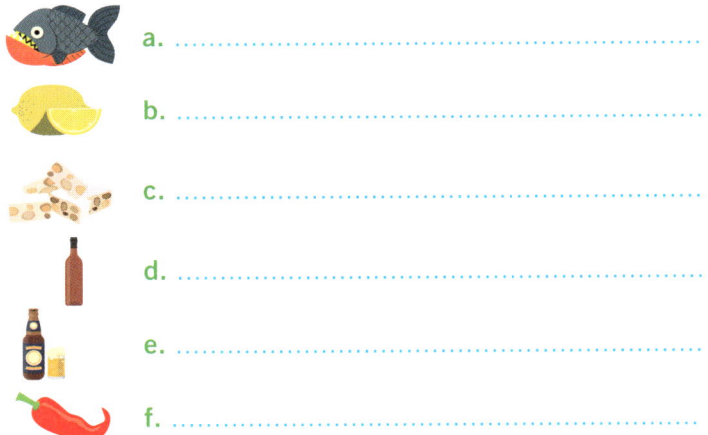

	agradar	volver loco/a
bacalao	a. tú	b. yo
vinagre	c. vosotros	d. nosotros
guindilla	e. ellos	f. ella

a. Comes bacalao porque ....

b. Como mucho bacalao porque ....

c. Tomáis vinagre porque ....

d. Tomamos mucho vinagre porque ....

e. Toman guindilla porque ....

f. Toma mucha guindilla porque ....

MODULE 2 : EL GUSTO ES MÍO

8 Même exercice, mais cette fois les aliments déplaisent aux personnes (colonne verte) ou carrément les dégoûtent (colonne rouge). Complète les phrases données.

	desagradar	dar asco
limón	a. ellos	b. vosotros
turrón	c. nosotros	d. tú
cerveza	e. ella	f. yo

a. No toman mucho ....

b. No tomáis nunca ....

c. No comemos mucho ....

d. No comes nunca ....

e. No bebe mucha ....

f. No bebo nunca ....

Exprimer des ressentis : peur, peine, honte, etc.

Tu viens de voir la tournure **dar asco**, *dégoûter*. Elle se construit avec le verbe **dar**, *donner*, suivi d'un nom exprimant un ressenti : **asco**, *le dégoût*. Tu as des tournures semblables en français ; par exemple : *ça me donne faim, ça me donne soif*, etc. Ce serait pareil en espagnol : **me da hambre, me da sed**.

En espagnol, **dar** a très souvent cette valeur :
Me da miedo ➡ *Ça me fait peur.*
Te da gusto ➡ *Ça te fait plaisir.*
Le da pereza ➡ *Il a la flemme* (= ça lui donne paresse).
Nos da lástima ➡ *Ça nous fait de la peine.*
Os da rabia ➡ *Ça vous fait rager* (= ça vous donne rage).
Les da vergüenza ➡ *Ils ont honte* (= ça leur donne honte).

Si un sujet est exprimé, **dar** s'accorde avec lui, au singulier ou au pluriel :
¿No te dan miedo los perros? ➡ *Tu n'as pas peur des chiens ?*

Si le sujet est un infinitif, il se construit directement, sans « de » comme c'est le cas en français :
Me da miedo salir de noche ➡ *J'ai peur de sortir la nuit.*

MODULE 2 : EL GUSTO ES MÍO

9. Le début de chaque phrase te dit ce que ressentent les personnes (plaisir, colère, tristesse, etc.). Complète la suite en utilisant une des six tournures vues en leçon.
Exemple : Marta est contente. Ça lui fait plaisir de voir sa famille.

a. Marta está contenta. [..] ver a su familia.

b. Estamos enfadadas. [..] ciertas actitudes.

c. Los niños están tristes. [...] los animales del zoológico.

d. Estás cansado. [..] salir este fin de semana.

e. Estoy asustada. [..] lo que me cuentas.

f. Sois tímidos. [..] hablar en público.

Exprimer des ressentis dans une phrase complexe

Les différents verbes et formules que tu as vus depuis le début de ce chapitre peuvent former la proposition principale d'une phrase complexe, avec une subordonnée introduite par **que**, qui contiendra donc un sujet et un verbe. En français comme en espagnol, dans ce cas, le verbe de la subordonnée est au subjonctif :
Me gusta que trabajes bien ➜ *J'aime que tu travailles bien.*
No me agrada que bebas tanto ➜ *Je n'aime pas que tu boives autant.*

Pour former le subjonctif présent, il faut bien maîtriser l'indicatif présent. Tu le formes en effet sur le radical de la 1ʳᵉ personne de l'indicatif, en inversant les voyelles de la terminaison : les verbes en **-ar** ont un subjonctif en **-e** ; les verbes en **-er** et en **-ir** ont un subjonctif en **-a**.

46

MODULE 2 : EL GUSTO ES MÍO

indicatif présent					
trabajar		beber		vivir	
trabaj	o	beb	e	viv	o
	as		es		es
	a		e		e
	amos		emos		imos
	áis		éis		ís
	an		en		en

subjonctif présent					
trabajar		beber		vivir	
trabaj	e	beb	a	viv	a
	es		as		as
	e		a		a
	emos		amos		amos
	éis		áis		áis
	en		an		an

Si la 1ʳᵉ personne du présent a une irrégularité, celle-ci va se retrouver à toutes les personnes du subjonctif présent. C'est le cas pour les verbes en **-go**, en **-zco** et à affaiblissement.

tener		conocer		pedir	
indicatif	subjonctif	indicatif	subjonctif	indicatif	subjonctif
tengo	tengas	conozco	conozca	pido	pida
tienes	tenga	conoces	conozcas	pides	pidas
tiene	tenga	conoce	conozca	pide	pida
tenemos	tengamos	conocemos	conozcamos	pedimos	pidamos
tenéis	tengáis	conocéis	conozcáis	pedís	pidáis
tienen	tengan	conocen	conozcan	piden	pidan

10 **Reprends la première phrase dans l'amorce de phrase complexe.**
Exemple : Nous dînons ensemble. → Mon père aime que nous dînions ensemble.

Cenamos juntos.
a. A mi padre le gusta que ....

Desayunas de pie.
b. A tu madre no le gusta que ....

Los alumnos escriben a mano.
c. El profesor prefiere que ....

Le dejo conducir mi moto.
d. A mi hermano le mola que ....

Leéis mucho.
e. Me agrada que ....

Luis abre la boca cuando come.
f. Te desagrada que ....

MODULE 2 : EL GUSTO ES MÍO

 Remets-toi en tête les conjugaisons de base. Dans ce tableau se trouvent six verbes irréguliers usuels : en *-go*, en *-zco* et à affaiblissement. Complète leur conjugaison au présent de l'indicatif.

infinitif	yo	tú	él, ella	nosotros, nosotras	vosotros, vosotras	ellos, ellas
	conduzco					
						salen
servir			sirve			
		haces				
elegir						
					conocéis	

 Traduis les phrases suivantes. Tu vas devoir réutiliser les verbes de l'exercice précédent, mais au subjonctif.

a. Ça leur fait peur que nous conduisions une voiture.

....

b. Ça me fait plaisir que tu connaisses mes parents.

....

c. Ça te fait de la peine que je ne sorte pas ce week-end ?

....

d. Vous avez honte que votre fils ne fasse pas son travail.

....

e. Ça me fait rager que vous ne me choisissiez pas comme délégué.

....

f. Ça nous dégoûte qu'ils se servent avec les mains.

....

MODULE 2 : EL GUSTO ES MÍO

Exprimer les sympathies et les antipathies

Dans la boîte à mots, tu vas trouver des verbes et le nom de différents sentiments. Pour « coup de foudre », remarque que l'espagnol parle de « coup de flèche », en référence à Cupidon. Retiens aussi les deux tournures idiomatiques suivantes.

Caer bien, mal, etc.

Caer signifie littéralement *tomber*. En espagnol, si une personne te « tombe bien », ça signifie que tu l'apprécies, que tu l'aimes bien. **Caer** fait **caigo**, *je tombe*, à la 1re personne. La suite est régulière : **caes**, *tu tombes* ; **cae**, *il tombe*, etc. La construction est la même que celle de **gustar**.
¿Cómo te cae mi pandilla? → *Que penses-tu de ma bande ?* (= Comment te tombe ma bande ?)
Me cae bien → *Je l'aime bien* (= Elle me tombe bien).

Tu peux aussi répondre, comme pour l'humeur, avec **regular**, **mal**, **fatal**.
Me caen fatal tus colegas → *Je n'aime pas du tout tes potes* (= Tes potes me tombent très mal).

Llevarse bien, mal, etc.

Llevarse, dans ce contexte, signifie *s'entendre*. C'est un verbe pronominal.
¿Cómo te llevas con tus compañeros? → *Comment est-ce que tu t'entends avec tes camarades ?*
Me llevo fenomenal con ellos → *Je m'entends super bien avec eux.*
Nos llevamos fatal → *Nous ne nous entendons pas du tout.*

Les sentiments et les rapports humains

el amor	l'amour
el cariño	l'affection
la amistad	l'amitié
un flechazo	un coup de foudre
soportar	supporter
odiar	détester
la pandilla	la bande d'amis
el/la colega	le pote, le copain, la copine

MODULE 2 : EL GUSTO ES MÍO

13 Coche la bonne traduction pour chaque phrase.

a. Me caen regular.
- ○ Je l'aime moyennement.
- ○ Je les aime moyennement.

b. Nos cae bien.
- ○ Il nous aime bien.
- ○ Nous l'aimons bien.

c. ¿Cómo te cae?
- ○ Que penses-tu de lui ?
- ○ Que pense-t-il de toi ?

d. Les caéis fatal.
- ○ Ils vous détestent.
- ○ Vous les détestez.

e. No le caigo bien.
- ○ Je ne l'aime pas.
- ○ Il ne m'aime pas.

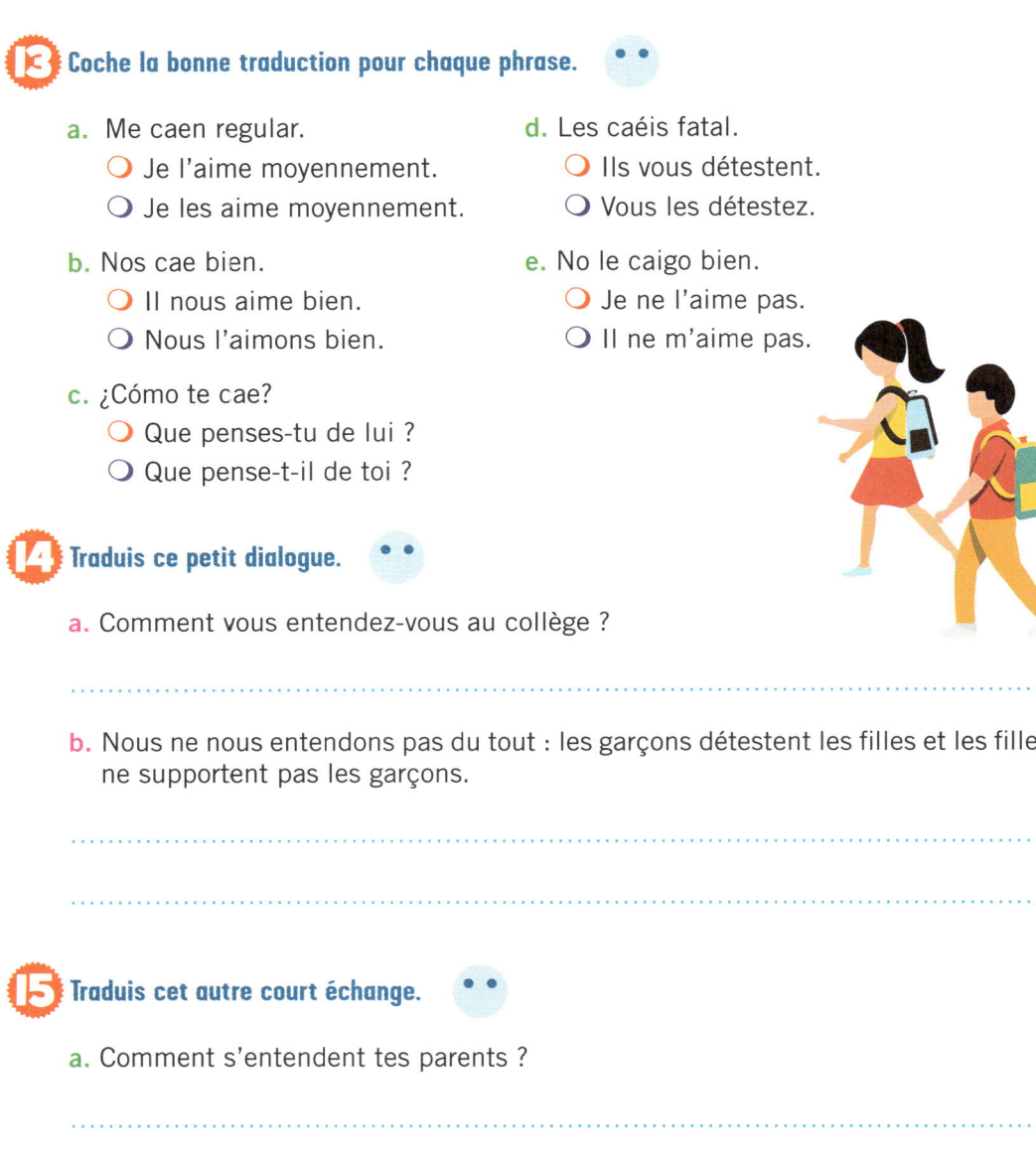

14 Traduis ce petit dialogue.

a. Comment vous entendez-vous au collège ?

....

b. Nous ne nous entendons pas du tout : les garçons détestent les filles et les filles ne supportent pas les garçons.

....

....

15 Traduis cet autre court échange.

a. Comment s'entendent tes parents ?

....

b. Ils s'entendent bien : il y a beaucoup d'affection entre eux.

....

....

MODULE 2 : EL GUSTO ES MÍO

16 **Et une dernière petite traduction.**

a. Comment t'entends-tu avec Gloria ?

....

b. Je m'entends super bien avec elle ! C'est un coup de foudre ! C'est l'amour !

....
....

Exprimer les sentiments dans un langage familier

Continuons notre découverte du langage familier. Dans le domaine des sentiments et des ressentis, il y a de nombreux termes !

Caer gordo

Au lieu de **caer mal**, que tu viens de voir, tu peux dire **caer gordo** (mot à mot : « tomber gros »). **Gordo** a ici une valeur d'adverbe et il est donc invariable :
Teresa me cae gordo ➡ *Je ne peux pas encadrer Teresa.*
Le caen gordo ➡ *Il ne peut pas les encadrer.*

Guay, chulo, pasada

Pour exprimer l'enthousiasme, tu peux t'exclamer :
¡Guay! ➡ *Génial !*
¡Es chulo / muy chulo / chulísimo! ➡ *C'est chouette / très chouette / super chouette !*
¡Esta moto es una pasada! ➡ *Elle est top, cette moto !*

Rollo

Employé tout seul, **rollo** est négatif : il signifie *un truc nul* :
Esta peli es un rollo ➡ *Ce film est nul.*

Mais, associé à **tener**, il peut aussi exprimer la façon de s'entendre, bonne ou mauvaise :
Tengo buen rollo con mis profes ➡ *Je m'entends bien avec mes profs.*
Tiene mal rollo con sus padres ➡ *Il ne s'entend pas avec ses parents.*

On peut aussi l'employer dans une tournure impersonnelle :
Aquí hay mal rollo ➡ *Ça craint ici.*
Aquí hay buen rollo ➡ *C'est cool ici.*

MODULE 2 : EL GUSTO ES MÍO

17 Voici quatre situations. Exprime ta réaction avec *¡Qué guay!* ou *¡Qué mal rollo!*

a. ¡Examen sorpresa! ¡Cerrad los libros y coged una hoja de papel!

– ¡Qué ....!

b. Aquí tengo las notas: todos los alumnos han aprobado.

– ¡Qué ....!

c. Si suspendo matemáticas, mi padre me apunta a clases de verano.

– ¡Qué ....!

d. El examen de hoy es facilísimo. – ¡Qué ....!

18 Réécris ces phrases dans un langage plus familier.

Te llevas fatal con Óscar y Juan. (deux possibilités)

a. ....

b. ....

Me caes bien.

c. ....

19 Voici trois dialogues mêlés. Remets-les dans l'ordre en fléchant les répliques qui se suivent.

Réplica 1 (personaje A)	Réplica 2 (personaje B)	Réplica 3 (personaje A)
a. ¿Qué te ha parecido?	1. No sé, siempre hay mal rollo en sus fiestas.	A. ¿Pero qué dices? ¡Son una pasada!
b. ¿Vas a ir al cumple de Javier?	2. No me mola el color.	B. Es verdad, ¡qué peli más mala!
c. Son chulas estas zapatillas, ¿no?	3. ¡Un rollo! Me he dormido.	C. Tienes razón. Su pandilla me cae bastante gordo.

MODULE 2 : EL GUSTO ES MÍO

Exprimer le regret, la nostalgie, le remords

Tu connais la formule **Lo siento**. **Sentir** signifie ici *regretter*, au sens d'être désolé, quand tu t'excuses de quelque chose :
Oh, perdón, lo siento ➜ *Oh, pardon, je suis désolé.*
Siento no poder ir a tu cumpleaños ➜ *Je regrette de ne pas pouvoir aller à ton anniversaire.*

C'est très différent de « regretter » au sens où quelque chose te manque, où tu éprouves de la nostalgie. Tu emploies dans ce cas **echar de menos** :
Echa de menos su juventud ➜ *Il regrette sa jeunesse.*

Et c'est encore tout autre chose si tu veux dire que tu éprouves du remords. L'espagnol utilisera ici le verbe **arrepentirse de**.
Me arrepiento de lo que he dicho ➜ *Je regrette ce que j'ai dit.*

20 Complète ces phrases avec un des verbes appris en leçon. Conjugue-le à la personne qui convient dans le contexte.

a. .... no poder ayudarle. No tengo dinero.

b. ¿Nunca .... las tonterías que haces?

c. Hace mucho tiempo que no te veo: te ....

21 Traduis ces phrases.

a. Je ne te crois pas : tu es méchant et tu ne regrettes jamais rien.

....

b. Je n'ai pas de temps, je regrette.

....

c. Je regrette l'Espagne.

....

MODULE 2 : EL GUSTO ES MÍO

S'exclamer

Première règle : tous les mots exclamatifs portent un accent écrit.

L'exclamation porte sur un seul mot

- **¡Qué…!** fait porter l'exclamation sur la qualité : on l'emploie devant un nom ou un adjectif :
  ¡Qué coche! → *Quelle voiture !*
  ¡Qué bonito! → *Que c'est joli !* (on sous-entend le verbe *être*)
- **¡Cómo…!** devant un verbe a également une valeur qualitative :
  ¡Cómo canta! → *Qu'est-ce qu'il chante bien !*
- **¡Cuánto(s)/cuánta(s)…!**, devant un nom ou devant un verbe, insiste sur la quantité :
  ¡Cuánto ruido y cuánta gente! → *Que de bruit et que de gens !*
  ¡Cuántas horas y cuántos días! → *Que d'heures et que de jours !*
  ¡Cuánto trabaja! → *Qu'est-ce qu'il travaille !*

L'exclamation porte sur un groupe nom + adjectif

La formule est : **¡Qué** + nom + **más** + adjectif!
¡Qué canción más bonita! → *Quelle jolie chanson !*

L'exclamation porte sur une phrase complète

Il faut faire attention à l'ordre des mots : le groupe exclamatif est au début ; le verbe vient ensuite ; le sujet, s'il est exprimé, vient en dernier.
¡Qué lista es! → *Qu'est-ce qu'elle est intelligente !*
¡Qué lista es esta chica! → *Que cette fille est intelligente !*
¡Cuánto dinero tiene Pedro! → *Qu'est-ce qu'il a comme argent, Pedro !*

La musique et les instruments

la batería	*la batterie*
el contrabajo	*la contrebasse*
la flauta	*la flûte*
la guitarra	*la guitare*
el piano	*le piano*
el violín	*le violon*

la música	*la musique*
escuchar	*écouter*
sonar	*sonner (v. à diphtongue)*
tocar	*jouer de*

MODULE 2 : EL GUSTO ES MÍO

22 Sans consulter à nouveau la boîte à mots, rédige quatre exclamations. Tu dois les faire porter soit sur le nombre, soit sur la qualité des instruments représentés.

a. ....

b. ....

c. ....

d. ....

23 Repars des pictogrammes de l'exercice précédent et rédige maintenant des exclamations en introduisant l'adjectif donné (à accorder en genre et en nombre).
Exemple : a. Quelles jolies flûtes !

a. [bonito] ....

b. [chulo] ....

c. [estupendo] ....

d. [genial] ....

24 Traduis ces phrases.

a. Qu'est-ce que cette guitare sonne bien !

....

b. Qu'est-ce qu'il joue bien de la guitare, Juan !

....

25 Introduis les mots qui conviennent pour faire une phrase exclamative.

a. ¡.............................. baterías tiene en casa!

b. ¡.............................. me gusta la música!

d. ¡.............................. mola tocar la guitarra!

MODULE 2 : EL GUSTO ES MÍO

TÂCHE PRATIQUE : DEMANDER UNE TARTINE, FAIRE UN SANDWICH

Les tartines

Dans les cafétérias, l'heure du petit déjeuner est particulièrement animée : très nombreux sont en effet les Espagnols qui le prennent à l'extérieur. En accompagnement de **un café solo**, *un café noir*, ou **un café con leche**, *un café au lait*, il y a des **tostadas**, *tartines*, pour tous les goûts : **de mantequilla y mermelada, de aceite de oliva, de atún, de tomate, de sobrasada, de jamón…**

Souvent, si tu demandes **una tostada**, tu as en fait droit à deux tartines, le dessus et le dessous du morceau de pain ; si tu n'en veux qu'une, il faut demander **media tostada**, *une demi-tartine*.

Les sandwichs

Un bocadillo est le mot désignant *un sandwich* ; tu entendras souvent, aussi, la version familière **un bocata**. Attention, le mot **un sándwich** existe, mais il s'agit alors d'*un sandwich au pain de mie*, **con pan de molde** (mot à mot : *pain moulé*).

Pour faire ton sandwich, il y a bien sûr toutes sortes de variétés de pains. **El pan**, *le pain*, le plus standard est **la barra**, plus courte que notre baguette mais à peu près du même poids, autour de 250 grammes.

Niveau ingrédients, à toi de choisir dans la liste ci-dessous. Attention à la traduction du mot *tranche* ou *rondelle* ; c'est :
- **una loncha**, en longueur, s'il s'agit de jambon ou par exemple de saumon ;
- **una rodaja**, circulaire, s'il s'agit de saucisson, de tomates, de concombres, etc. ;
- **una rebanada** pour du pain.

Les ingrédients d'un sandwich

el atún	le thon	el pepino	le concombre
el espárrago	l'asperge	el queso de untar	le fromage à tartiner
el huevo duro	l'œuf dur		
el jamón de york	le jambon blanc	el salchichón	le saucisson
el jamón serrano	le jambon cru	la lata	la boîte de conserve
el kétchup	le ketchup		

MODULE 2 : EL GUSTO ES MÍO

el salmón ahumado	le saumon fumé	la pechuga	le blanc de volaille
el tomate	la tomate	la salchicha	la saucisse
la cebolla	l'oignon	la sobrasada	la soubressade
la hoja	la feuille		
la lechuga	la laitue		
la mantequilla	le beurre		
la mayonesa	la mayonnaise		
la mostaza	la moutarde		

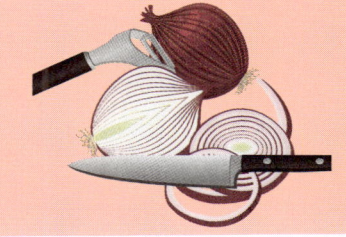

26 Réordonne les mots pour composer une phrase correcte.

a. atún café con de media Quisiera solo. tomate tostada un y

....

b. café con de jamón leche Ponme serrano. tostada un una y

....

27 Traduis les phrases que tu as trouvées.

a. ....

b. ....

MODULE 2 : EL GUSTO ES MÍO

28 Travaille la boîte lexicale puis, sans la consulter, complète la recette de ce sandwich (tu dois mettre le mot qui convient à la place des pictogrammes). Devant « saumon », tu dois préciser « tranche ».

En mi bocata pongo una ....,

dos ...., mucho ....,

bastante ...., una .... picada

y tres .... de .... ahumado.

29 Voici un autre sandwich, un peu plus végétal. À toi de compléter la recette. Devant certains aliments, tu devras préciser « tranche » et « feuille ».

Mi bocata preferido lleva dos ....,

cuatro .... de .... y

cinco de ...., tres ....

de ...., ... de untar

y ....

30 Et un dernier, pour les amateurs de charcuterie. Devant certains aliments, tu devras préciser « tranche » et « rondelle ».

El bocadillo que a mí me mola tiene una ....,

diez .... de ....,

una pechuga de ...., tres ....

de ...., dos de ....

y muchísima ....

58

MODULE 2 : EL GUSTO ES MÍO

DÉCOUVERTE CULTURELLE :
EL ESPAÑOL Y EL ÁRABE

Los siete siglos que duró la Reconquista no fueron un periodo de guerras continuas sino también una larga época de intercambios. Por eso es inmenso el legado del árabe a la lengua española: más de 4000 términos usuales que conciernen tanto la organización política como el comercio, la agricultura o la ciencia. También la geografía. El río Guadalquivir, por ejemplo, es oued-el-kbir, el gran río; Gibraltar, djebel-Tarik, la montaña de Tarik, etc.

Muchas de estas palabras pasadas al español comienzan por a- ou al-, que son el artículo árabe integrado a la palabra: alquitrán, *goudron*; almacén, *magasin*; albóndiga, *boulette*, etc.

Quelques mots d'origine arabe

la aceituna	l'olive
el ajedrez	le jeu d'échecs
el albañil	le maçon
el alcalde	le maire
la alfombra	le tapis
el algodón	le coton
la almohada	l'oreiller
el arroz	le riz
el limón	le citron
la naranja	l'orange

31 Prends un temps pour mémoriser les dix mots de la boîte puis, sans la consulter à nouveau, remplis la grille à l'aide des pictogrammes.

MODULE 2 : EL GUSTO ES MÍO

Bilan

😊 😐 ☹️

Dire qui tu aimes et ce qui te plaît
1. ……… ⬜⬜⬜
2. ……… ⬜⬜⬜
3. ……… ⬜⬜⬜

Parler de ce que l'on aime de façon familière
4. ……… ⬜⬜⬜
5. ……… ⬜⬜⬜

Parler des différentes saveurs
6. ……… ⬜⬜⬜
7. ……… ⬜⬜⬜
8. ……… ⬜⬜⬜

Exprimer des ressentis : peur, peine, honte, etc.
9. ……… ⬜⬜⬜

Exprimer des ressentis dans une phrase complexe
10. ……… ⬜⬜⬜
11. ……… ⬜⬜⬜
12. ……… ⬜⬜⬜

Exprimer les sympathies et les antipathies
13. ……… ⬜⬜⬜
14. ……… ⬜⬜⬜
15. ……… ⬜⬜⬜
16. ……… ⬜⬜⬜

Exprimer les sentiments dans un langage familier
17. ……… ⬜⬜⬜
18. ……… ⬜⬜⬜
19. ……… ⬜⬜⬜

Exprimer le regret, la nostalgie, le remords
20. ……… ⬜⬜⬜
21. ……… ⬜⬜⬜

S'exclamer
22. ……… ⬜⬜⬜
23. ……… ⬜⬜⬜
24. ……… ⬜⬜⬜
25. ……… ⬜⬜⬜

Tâches pratiques
Demander une tartine, faire un sandwich
26. ……… ⬜⬜⬜
27. ……… ⬜⬜⬜
28. ……… ⬜⬜⬜
29. ……… ⬜⬜⬜
30. ……… ⬜⬜⬜

Découverte culturelle
El español y el árabe
31. ……… ⬜⬜⬜

Por favor

Objectifs

- **Tu vas apprendre à :**
  - Faire une demande
  - Employer l'impératif avec des pronoms personnels
  - Faire une demande polie
  - Interdire
  - Remercier
  - Parler d'argent

- **Pour cela, tu vas maîtriser :**
  - L'impératif des verbes :
    - réguliers
    - à diphtongue
    - à affaiblissement
    - pronominaux
    - à irrégularité particulière (**hacer, poner, tener, salir, venir, decir, ser, ir**)
  - L'expression du vouvoiement à l'impératif
  - L'expression de l'ordre et de la défense aux deux **tratamientos**
  - Le subjonctif présent des verbes :
    - à diphtongue
    - irréguliers (**pensar, ser, estar, ir, ver**)
  - L'enclise du pronom personnel :
    - la place de l'accent tonique
    - **se** à la place de **le** dans la double enclise

- **Lexique :**
  - Le nom des activités d'une journée ; termes et instruments de cuisine ; **dar las gracias** et **agradecer** ; formules de politesse ; l'argent

- **Tu seras aussi capable de :**
  - Répondre à une annonce

- **Et tu vas découvrir :**
  - El fútbol en España

MODULE 3 : POR FAVOR

Faire une demande

La façon la plus directe de faire une demande, c'est d'employer l'impératif. Il y a deux possibilités : soit tu tutoies la personne, soit tu la vouvoies.

Pour tutoyer, tu utilises l'impératif lui-même :
- au singulier (**tú**), c'est la 2e personne de l'indicatif présent sans le **-s** ;
- au pluriel (**vosotros**), c'est l'infinitif avec un **-d** à la place du **-r**.

canta, *chante*	**cantad**, *chantez*
bebe, *bois*	**bebed**, *buvez*
cuenta, *raconte*	**contad**, *racontez*
piensa, *pense*	**pensad**, *pensez*
pide, *demande*	**pedid**, *demandez*

Pour vouvoyer, tu utilises le subjonctif :
- au singulier (**usted**), c'est la 3e personne du singulier ;
- au pluriel (**ustedes**), c'est la 3e personne du pluriel.

cante, *chantez*	**canten**, *chantez*
beba, *buvez*	**beban**, *buvez*
cuente, *racontez*	**cuenten**, *racontez*
piense, *pensez*	**piensen**, *pensez*
pida, *demandez*	**pidan**, *demandez*

❶ Ces ordres sont-ils au tutoiement ou au vouvoiement ? Coche la bonne case.

	tratamiento de tú	tratamiento de usted
a. ¡Cierre la puerta!		
b. ¡Come bien!		
c. ¡Conduce despacio!		
d. ¡Elija un bocadillo!		
e. ¡Escribe una carta!		
f. ¡Sigue ese coche!		
g. ¡Toma vinagre!		
h. ¡Vuelva a casa!		

MODULE 3 : POR FAVOR

2 Réécris les huit phrases de l'exercice précédent au *tratamiento* inverse.

a. ....

b. ....

c. ....

d. ....

e. ....

f. ....

g. ....

h. ....

3 Voici huit phrases où l'on donne des ordres. Complète-les (au tutoiement ou au vouvoiement, selon le contexte) en réutilisant les huit verbes des exercices précédents.

a. ¡Niños, a la cama y .... los ojos!

b. .... la primera a la derecha, señores.

c. Podéis ir a esa fiesta, pero .... antes de las once.

d. Ya sabéis: .... toda la sopa o no hay postre.

e. .... con prudencia si queréis evitar accidentes.

f. Azul o rojo: .... el modelo que prefieran, señoras.

g. .... aquí su nombre y apellidos, caballeros.

h. .... las indicaciones si no quieren perderse.

MODULE 3 : POR FAVOR

L'impératif et les pronoms personnels

En français, lorsqu'un impératif est suivi d'un pronom personnel, on relie les deux mots avec un trait d'union : *dis-moi, donne-lui*. En espagnol, on accroche directement le pronom au verbe : **dime, dale**. Attention à l'orthographe ! Le mot s'allonge et l'accent tonique du verbe va remonter d'une syllabe. L'accent écrit va donc souvent apparaître : **llama**, *appelle* → **llámalo**, *appelle-le*.

S'il y a deux pronoms, en espagnol on met le complément indirect, puis le complément direct :
Dímelo → *Dis-le-moi.*   **Dánoslo** → *Donne-le-nous.*

Lorsque l'on met à la suite deux pronoms de 3ᵉ personne, le pronom indirect espagnol – qui devrait être **le** ou **les** – devient **se**, au singulier et au pluriel :
Díselo → *Dis-le-lui* ou *Dis-le-leur* (et non pas « dílelo » ou « díleslo »).
Dáselo → *Donne-le-lui* ou *Donne-le-leur* (et non pas « dálelo » ou « dáleslo »).

Les verbes pronominaux sont bien sûr concernés. Au pluriel de l'impératif, le **-d** final disparaît :
Cállate → *Tais-toi* / **Callaos** → *Taisez-vous* (et non pas « callados »).
Decídete → *Décide-toi* / **Decidíos** → *Décidez-vous* (et non pas « decididos »).

Si l'on vouvoie, on accroche les pronoms aux formes du subjonctif :
Llámelo, señor → *Appelez-le, monsieur.*
Dígaselo, señora → *Dites-le-lui, madame.*

Il y a huit impératifs irréguliers à la 2ᵉ personne du singulier. Le pluriel est régulier.

infinitif	hacer	poner	tener	salir	venir	decir	ser	ir
tú	haz	pon	ten	sal	ven	di	sé	ve
vosotros	haced	poned	tened	salid	venid	decid	sed	id

Les activités d'une journée

despertarse	*se réveiller*
levantarse	*se lever*
ducharse	*prendre une douche*
peinarse	*se coiffer*
vestirse	*s'habiller*

ponerse los zapatos	*se chausser*
desnudarse	*se déshabiller*
cepillarse los dientes	*se brosser les dents*
acostarse	*se coucher*
dormirse	*s'endormir*

MODULE 3 : POR FAVOR

4 La boîte à mots te donne, dans l'ordre, la suite d'activités d'une journée. Exprime-les sous forme d'impératifs singuliers (tu t'adresses à une personne que tu tutoies).

a. ....
b. ....
c. ....
d. ....
e. ....
f. ....
g. ....
h. ....
i. ....
j. ....

5 Reprends les quatre premiers ordres de l'exercice précédent et formule-les à la 2ᵉ personne de l'impératif pluriel (en tutoyant).

a. ....
b. ....
c. ....
d. ....

6 Reprends les ordres e., f. et g. de l'exercice 4 et formule-les au vouvoiement singulier.

a. ....
b. ....
c. ....

65

MODULE 3 : POR FAVOR

7 Reprends les trois derniers ordres de l'exercice 4 et formule-les au vouvoiement pluriel.

a. ....

b. ....

c. ....

Faire la cuisine

asar	rôtir
calentar	réchauffer (v. à diphtongue)
cocer	cuire (v. à diphtongue)
el horno	le four
el microondas	le micro-ondes
el pavo	la dinde

freír	frire (v. à affaiblissement)
la olla exprés	la cocotte-minute
la sartén	la poêle
la sopa	la soupe
las sardinas	les sardines
los garbanzos	les pois chiches

8 La boîte à mots te donne quatre verbes, quatre instruments de cuisine et quatre aliments. Associe-les logiquement dans quatre phrases à l'impératif singulier (tutoiement). Exemple : a. Rôtis la dinde dans le four !

a. ....

.... b.

c. ....

.... d.

MODULE 3 : POR FAVOR

9 Reprends les phrases que tu as écrites et reformule-les avec simplement un impératif et le pronom qui convient. Exemple : a. Rôtis-la !

a. ....

b. ....

c. ....

d. ....

10 Traduis ces phrases, puis remplace le complément d'objet direct par un pronom personnel.

Donne-moi ton livre.   Donnez-nous notre argent, monsieur.

a. ....   e. ....

b. ....   f. ....

Donnez-lui la clé, les amis.   Donnez-leur leurs cinquante euros, messieurs.

c. ....   g. ....

d. ....   h. ....

Faire une demande polie

Les Espagnols sont assez directs, mais il n'y a pas que l'impératif pour demander quelque chose ! Dans bien des cas, il vaut mieux mettre un peu les formes, même si l'on tutoie.

• **Exprimer la demande :**
Tu peux par exemple commencer ta phrase par **¿Puedes…?** → *Peux-tu… ?* ou **¿Puede usted…?** → *Pouvez-vous… ?* si tu vouvoies.

Attention ! Dans ce type de phrase, tu vas utiliser un infinitif, et l'infinitif espagnol ne peut pas être directement précédé par un pronom. Il y a donc deux possibilités :
- soit le pronom précède le verbe conjugué. Exemple : **¿Me puedes decir…?** → *Tu peux me dire… ?*
- soit il s'accroche à l'infinitif. Exemple : **¿Puedes decirme…?**

• **Ajouter une formule de politesse :**
La plus simple est **por favor**, *s'il te / vous plaît*.

En encore plus raffiné, si tu vouvoies, tu peux aussi dire : **si es tan amable**, *si vous voulez bien* (mot à mot : *si vous êtes si aimable*).

MODULE 3 : POR FAVOR

11 Réécris ces demandes avec un impératif, sans formules de politesse. Conserve le même *tratamiento* : tutoiement ou vouvoiement, au singulier ou au pluriel.

a. ¿Puede venir un momento, si es tan amable?

→ ....

b. ¿Podéis ir a comprar el pan, por favor?

→ ....

c. ¿Pueden hacerme un favor, si son tan amables?

→ ....

d. ¿Puedes ser más educado con la gente, por favor?

→ ....

12 Pars de ces ordres directs à l'impératif et reformule-les de façon plus polie.

a. ¡Póngame una cerveza!

→ ....

b. ¡Salgan de mi casa!

→ ....

c. ¡Ten cuidado con este libro!

→ ....

d. ¡Decidme qué ha pasado!

→ ....

Interdire

Pour formuler une interdiction, c'est simple : tu utilises le subjonctif précédé de **no**. Si tu tutoies, tu te serviras de la 2e personne, au singulier et au pluriel ; si tu vouvoies, ce sera la 3e personne.

tutoiement		vouvoiement	
singulier	pluriel	singulier	pluriel
no comas, *ne mange pas*	no comáis, *ne mangez pas*	no coma, *ne mangez pas*	no coman, *ne mangez pas*

MODULE 3 : POR FAVOR

Retiens que, au subjonctif, les verbes à diphtongue ne se construisent pas, comme les autres, sur le radical de la 1re personne du présent indicatif : ils diphtonguent, comme à l'indicatif, sauf aux deux premières personnes du pluriel.

Souviens-toi aussi des verbes qui ont, au subjonctif, des irrégularités particulières.

pensar	ser	estar	ir	ver
piense	sea	esté	vaya	vea
pienses	seas	estés	vayas	veas
piense	sea	esté	vaya	vea
pensemos	seamos	estemos	vayamos	veamos
penséis	seáis	estéis	vayáis	veáis
piensen	sean	estén	vayan	vean

13 *Moverse* est un verbe pronominal à diphtongue qui signifie bouger. Formule quatre interdictions à partir de ce verbe, aux deux *tratamientos*, au singulier et au pluriel.

a. [tú] ....

b. [vosotros] ....

c. [usted] ....

d. [ustedes] ....

14 Transforme ces ordres en interdictions.

a. ¡Venid a casa!
→ ....

b. ¡Poneos los zapatos!
→ ....

c. ¡Ve al colegio!
→ ....

d. ¡Ve la tele!
→ ....

69

MODULE 3 : POR FAVOR

 Complète ces interdictions avec *ser* ou avec *estar*, au *tratamiento* qui convient dans la phrase.

a. ¡No .... maleducado, señor!

b. ¡No .... tonto y dile que la quieres!

c. ¡No .... tan seguros de que vais a ganar!

d. ¡No .... todo el día en casa: ¡salga y haga deporte!

Remercier

Gracias, muchas gracias ou même **muchísimas gracias** équivalent à *merci, merci beaucoup* et *merci infiniment*.

L'autre personne répondra à son tour :
De nada → *De rien.* **No hay de qué** → *Il n'y a pas de quoi.*

Attention aux deux verbes qui signifient *remercier* : **dar las gracias** et **agradecer**.
Tu peux dire :
Te doy las gracias → *Je te remercie.*
Te doy las gracias por lo que has hecho → *Je te remercie pour ce que tu as fait.*

Dans ce cas, si tu précises la raison du remerciement, tu peux aussi utiliser le verbe **agradecer**, *remercier, être reconnaissant*. Il se construit sans la préposition **por** et avec deux pronoms, un indirect (la personne que tu remercies) et un direct (ce pour quoi tu remercies) :
Le agradezco lo que ha hecho → *Je le remercie de ce qu'il a fait.*

Bien sûr, les pronoms peuvent être remplacés par des noms :
Os agradezco vuestra ayuda → *Je vous remercie pour votre aide.*

Agradecer est donc un verbe transitif qui doit toujours être accompagné d'un complément d'objet direct : **Agradezco**, tout seul, ne signifie rien ; et **Te agradezco** non plus. Il faudrait au moins dire **Te lo agradezco** → *Je t'en remercie.*

MODULE 3 : POR FAVOR

16 Coche les bonnes traductions.

a. Il veut te remercier.
  ❑ Quiere agradecerte.
  ❑ Quiere darte las gracias.

b. Je te remercie pour ton amitié.
  ❑ Te agradezco tu amistad.
  ❑ Te agradezco por tu amistad.

c. Tu ne me remercies pas ?
  ❑ ¿No me agradeces?
  ❑ ¿No me das las gracias?

d. Nous vous remercions pour ce dîner.
  ❑ Os agradecemos esta cena.
  ❑ Os damos las gracias por esta cena.

17 Traduis ces courts échanges.

a. – Merci infiniment. ....

b. – De rien ! ....

c. – Merci. ....

d. – Il n'y a pas de quoi. ....

Parler d'argent

L'argent (les pièces et les billets) se dit en Espagne **el dinero** ; quand on parle de *l'argent* comme métal, on l'appelle **la plata**. Rappelons quelques formules de base :
¿Cuánto cuesta? → *Combien ça coûte ?*
Cuesta once euros y cincuenta céntimos (ou **once cincuenta**, ou **once con cincuenta**) → *Ça coûte onze euros cinquante.*
Es caro / barato → *C'est cher / bon marché.*

Il y a de nombreux mots familiers ou d'argot pour parler de l'argent :
la pasta, *le fric*   **las pelas**, *les ronds*
un pavo, *un euro* (littéralement *un dindon*)

Il existe aussi des expressions comme **estar sin un duro**, *être fauché* ; ou **hacer un sinpa**, *partir sans payer* (**sinpa** = contraction de **sin pagar**).

MODULE 3 : POR FAVOR

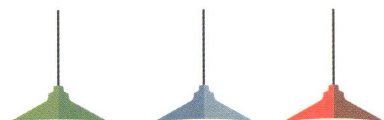

L'argent

en efectivo, en metálico	*en espèces*
con tarjeta	*par carte*
el billete	*le billet*
la moneda	*la pièce de monnaie*
la vuelta, el cambio	*la monnaie qu'on te rend*
cambiar	*faire la monnaie*
tener suelto	*avoir de la monnaie*
regatear	*marchander*
un descuento	*une réduction*

18 Réécris ces phrases dans un langage familier.

a. Tiene mucho dinero. (deux possibilités) .... / ....

b. ¿Me prestas diez euros? ....

c. ¿Nos vamos sin pagar? ....

19 Traduis ces phrases.

a. Je vous paye en espèces ou par carte ?

→ ....

b. Je n'ai pas de monnaie.

→ ....

c. Pouvez-vous me faire la monnaie ?

→ ....

d. Voici (Aquí tiene) votre monnaie : un billet de vingt euros et deux pièces d'un euro.

→ ....

MODULE 3 : POR FAVOR

TÂCHE PRATIQUE :
RÉPONDRE À UNE ANNONCE

- Pour parler de leur argent de poche, les jeunes Espagnols utilisent le mot qui désigne aussi la paie d'un salarié : **la paga**. Mais, bien sûr, on peut compléter tout ça avec les revenus de petits boulots… **El trabajo**, tu le sais, c'est *le travail*. Le diminutif **un trabajillo** désignera *un petit boulot*. On parlera aussi familièrement de **un curro**, *un taf* (le verbe **currar** signifie *taffer*).

- Dans un courrier officiel comme une lettre de candidature, si tu ne connais pas personnellement ton interlocuteur, commence par une formule passe-partout : **Estimado/a señor/a** ➔ *Chère madame, cher monsieur*. En conclusion, il y a aussi une phrase toute faite, **Le saludo atentamente**, équivalent de *Salutations distinguées*. Tu peux la faire précéder de : **Agradeciéndole de antemano su respuesta** ➔ *En vous remerciant par avance de votre réponse*.

- Pour obtenir quelque chose, argumenter et convaincre, il va te falloir utiliser des mots de liaison. Tu connais déjà les conjonctions de base : **y**, *et* ; **pero**, *mais* ; **o**, *ou*. Tu peux aussi :

  - <u>insister sur un point</u>
      además, *de plus*
      no solo…, sino también, *non seulement…, mais aussi*

  - <u>dire la cause, la conséquence</u>
      pues, *car*
      por eso, *pour cette raison*
      por consiguiente, *par conséquent*

  - <u>opposer, concéder</u>
      en cambio, *en revanche*
      a pesar de, *malgré*

  - <u>illustrer</u>
      por ejemplo, *par exemple*
      o sea, *c'est-à-dire*

Travail et salaire

el sueldo	le salaire
la propina	le pourboire
capacitado/a	apte
el currículum	le CV
cobrar	toucher (un salaire)
el/la camarero/a	le / la serveur/ -euse
el/la canguro	le / la baby-sitter
el/la dependiente/a	le / la vendeur/ -euse
el puesto	le poste, la place

MODULE 3 : POR FAVOR

20 Réordonne les mots pour reconstruire une phrase correcte.

quieres   curro   es   Si   completar   chulo.   ser
muy   canguro   paga,   un   tu   para

a. ....

camarero   también   Cuando   cobras   sueldo   sino
eres   las   el   solo   no   propinas.

b. ....

puesto   ¿Se   ocupar   de   usted   siente   el
dependienta?   capacitada   para

c. ....

21 Traduis les phrases que tu as trouvées.

a. ....

b. ....

c. ....

22 Voici une lettre de candidature pour une place de serveur. Réintroduis à leur place les formules de correspondance et mots de liaison manquants, qui se trouvent dans les étiquettes.

ATENTAMENTE   O SEA QUE   POR ESO
CAPACITADO   AGRADECIÉNDOLE   A PESAR DE   PUES
ESTIMADO/A   ADEMÁS

MODULE 3 : POR FAVOR

Mario Casas González
Fuente del Berro 35
28009 Madrid
mar.casas@gmail.com

Casa Mingo
Paseo de la Florida 34
28008 Madrid

Madrid, 11 de diciembre de 2008

[1] .... señor/a:

He leído con interés el anuncio que han publicado en el periódico El País el día 10 de diciembre, [2] .... precisamente estoy buscando un trabajillo de camarero para estas fiestas de Año Nuevo.

Como pueden leer en mi currículum, tengo solo 17 años:
[3] .... adjunto a este correo la necesaria autorización de mis padres. [4] .... mi juventud, ya he trabajado cara al público en varias ocasiones, y [5] .... mi intención es matricularme en la Escuela de Hostelería el año próximo.

[6] .... me siento [7] .... para ese trabajo y me encantaría tener la oportunidad de demostrarlo.

[8] .... de antemano su respuesta, le saludo
[9] ....

Fdo. Mario Casas

Mario Casas

MODULE 3 : POR FAVOR

DÉCOUVERTE CULTURELLE : EL FÚTBOL EN ESPAÑA

Una pasión nacional

El baloncesto, el balonmano, el ciclismo, el tenis, la fórmula 1 o el motociclismo tienen en España numerosos fans, y los deportistas y equipos españoles consiguen grandes triunfos internacionales en estos deportes. Sin embargo, la gran pasión nacional es el fútbol. Por ejemplo, el periódico más vendido en España es Marca, favorable al Real Madrid, igual que As. Si eres del Barça, en cambio, leerás Sport o Mundo deportivo.

La importancia de los clubes

Entre el 2008 y el 2012, la Selección española (la "Roja") ha sido dos veces campeona de Europa y ha ganado un Mundial, pero España sigue siendo – futbolísticamente – un país de clubes: ¿De qué equipo eres? es la pregunta clásica entre españoles.

Las grandes capitales tienen a menudo varios clubes en la élite, como Sevilla (Sevilla FC y Betis) o Barcelona (FC Barcelona y Español). Madrid llega a veces a tener hasta tres clubes en primera división (Real Madrid, Atlético de Madrid, Rayo Vallecano). Otro club con una identidad muy marcada es el Athlétic de Bilbao: para jugar en él tienes que ser vasco, o formado en un club vasco.

	Real Madrid	Atlético de Madrid	FC Barcelona
Colores y apodo	camiseta y pantalón blanco: merengues	camiseta roja y blanca, pantalón azul: colchoneros	camiseta azul y granate: azulgranas
Estadio	Santiago Bernabéu 81 000 plazas	Wanda Metropolitano 68 000 plazas	Nou camp 99 000 plazas
Grito de los hinchas	¡Hala Madrid!	¡Aúpa Atleti!	¡Visca el Barça!
Liga (1928-2017)	33 títulos	10 títulos	24 títulos
Copa del Rey (1903-2017)	19 títulos	10 títulos	29 títulos
Copa de Europa (1956-2017)	12 títulos	0	5 títulos

Para hablar de fútbol

Los comentarios de un partido en español son a veces bastante poéticos. Al balón, por ejemplo, se lo llama "el cuero", *le cuir*, o "el esférico", *le sphérique*. Si un equipo mete cinco goles, se habla de "una manita", *petite main*, por los cinco dedos. Y cuando llega el primer gol, se dice que "se abre la lata", *on ouvre la boîte de conserve*.

MODULE 3 : POR FAVOR

Petit lexique du football

amonestar	avertir	el saque de puerta	le six mètres
el árbitro	l'arbitre	la amonestación	l'avertissement
el caño	le petit pont	la asistencia	la passe décisive
el gol	le but	la bicicleta	le passement de jambe
el hincha	le supporteur	la chilena	le retourné
el jugador	le joueur	la entrada	le tacle
el regate	le dribble	la pared	le une-deux
el saque de banda	la touche	la vaselina	le lob

23 Complète ces phrases.

a. Soy hincha del Real Madrid: leo el .... o el ....

b. Soy hincha del Barça: leo el .... o el ....

24 Complète ces 3 cris de ralliement des supporters.

a. ¡............................... Atleti!   c. ¡............................... Madrid!

b. ¡............................... el Barça!

25 Traduis ces phrases.

a. L'arbitre avertit le joueur pour un tacle dangereux.

....

b. Passement de jambe, une-deux, dribble, lob, et but !

....

c. Il ne marque pas beaucoup de buts, mais il donne beaucoup de passes décisives.

....

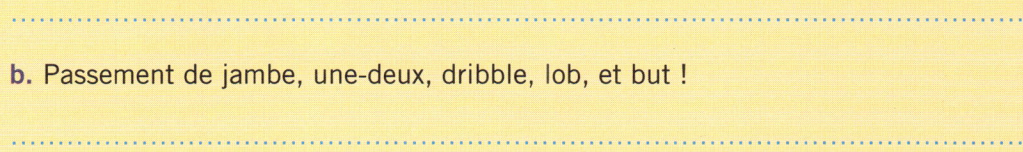

MODULE 3 : POR FAVOR

Bilan

😊 😐 ☹️

Faire une demande
1. ....
2. ....
3. ....

L'impératif et les pronoms personnels
4. ....
5. ....
6. ....
7. ....
8. ....
9. ....
10. ....

Faire une demande polie
11. ....
12. ....

Interdire
13. ....
14. ....
15. ....

Remercier
16. ....
17. ....

Parler d'argent
18. ....
19. ....

Tâches pratiques
Répondre à une annonce
20. ....
21. ....
22. ....

Découverte culturelle
El fútbol en España
23. ....
24. ....
25. ....

Cuéntame

Objectifs

- **Tu vas apprendre à :**
  Comparer le passé et le présent
  Exprimer le passé proche et le passé révolu
  Connaître les particularités des temps composés
  Exprimer la simultanéité dans une phrase au passé
  Faire un récit en utilisant l'imparfait et le passé simple
  Exprimer la durée

- **Pour cela, tu vas maîtriser :**
  L'imparfait de l'indicatif :
    - verbes réguliers en **-ar**, **-er** et **-ir**
    - trois verbes irréguliers : **ser**, **ir**, **ver**

  Le passé simple de l'indicatif :
    - verbes réguliers en **-ar**, **-er** et **-ir**
    - les quinze passés simples forts
    - verbes à affaiblissement (modèle **pedir**)
    - verbes à alternance (modèle **sentir**)
    - autres verbes irréguliers (modèles **leer**, **oír**, **huir**)

  La formation des temps composés : passé composé et plus-que-parfait

  L'expression du temps dans la phrase :
    - la valeur des temps
    - **ya no**, *ne plus* ; **ya nadie**, *plus personne* ; **ya nunca**, *plus jamais*
    - la simultanéité : **al** + infinitif
    - la durée : **hace**, **desde hace**, **llevar** + gérondif

  Lexique : les indicateurs temporels ; les formules pour conduire un récit

- **Tu seras aussi capable de :**
  Lire un conte

- **Et tu vas découvrir :**
  Don Quichotte

Module 4

MODULE 4 : CUÉNTAME

Comparer le passé et le présent

L'imparfait de l'indicatif espagnol est un temps très simple à construire : le radical est celui de l'infinitif et il n'y a que deux types de terminaison, une pour les verbes en **-ar** ; une autre pour les verbes en **-er** et en **-ir**. Il faut juste être attentif à la place de l'accent tonique écrit.

Il n'y a que trois verbes irréguliers : **ser**, **ir** et **ver**. L'auxiliaire **haber** à la 3e personne du singulier sert à dire il y avait : **Había mucha gente** → *Il y avait beaucoup de gens.*

hablar	comer	vivir	ser	ir	ver
hablaba	comía	vivía	era	iba	veía
hablabas	comías	vivías	eras	ibas	veías
hablaba	comía	vivía	era	iba	veía
hablábamos	comíamos	vivíamos	éramos	íbamos	veíamos
hablabais	comíais	vivíais	erais	ibais	veíais
hablaban	comían	vivían	eran	iban	veían

L'imparfait te sert, comme en français, à décrire des situations ou des habitudes du passé. Si tu te sers d'un démonstratif pour parler de ce passé révolu, ce sera celui qui indique l'éloignement : **aquel**. **En aquel tiempo**, *en ce temps-là.*

Pour parler des choses qui ne se font plus, tu emploies **ya** devant un verbe à la forme négative.
La fruta ya no es como la de antes → *Les fruits ne sont plus comme ceux d'avant.*
Ya nadie saluda al vecino → *Plus personne ne salue son voisin.*
Ya nunca te dejan el sitio en el autobús → *On ne te laisse plus jamais la place dans le bus.*

Les indicateurs temporels, au passé et au présent

antes	*avant*
antiguamente	*anciennement*
en el pasado	*dans le passé*
en aquella época	*à cette époque*
en aquellos años	*dans ces années-là*
ahora	*maintenant*

hoy	*aujourd'hui*
hoy en día	*de nos jours*
actualmente	*actuellement*

MODULE 4 : CUÉNTAME

1 **Complète les phrases au présent.**

a. Antes, veía a menudo a mis amigos. Ahora ya no los ....

b. Antiguamente, todo el mundo se conocía. Hoy en día ya nadie ....

c. Antes, me escribías mucho. Hoy ya nunca me ....

2 **Complète les phrases au passé.**

a. En aquellos años .... al cine a menudo. Hoy ya casi nunca vamos.

b. En aquella época no .... hijos. Ahora tenéis tres.

c. En el pasado casi no .... móviles. Actualmente hay millones.

d. En aquel tiempo los niños .... temprano. Ahora se acuestan tarde.

3 ***Ser* ou *estar* ? Complète ces phrases à l'imparfait.**

a. Antes los niños .... educados.

b. Cuando yo .... niño no había tele en casa.

c. Cuando .... en clase, no hablábamos.

d. .... sentados, escuchabais y callabais.

e. ¿Dónde .... [tú] ayer?

f. Usted .... profesor de español, ¿verdad ?

MODULE 4 : CUÉNTAME

4 Remplis ce tableau de conjugaison à l'imparfait.

infinitivo	yo	tú	él/ella	nosotros/as	vosotros/as	ellos/as
			creía			
sonreír						
						se sentaban
	me sentía					

5 Cherche dans le tableau les formes verbales qui conviennent pour compléter les phrases suivantes.

a. Esta mañana el niño tenía fiebre y .... muy mal.

b. Cuando éramos alumnos, siempre .... en la última fila.

c. Era un chico muy simpático, siempre ....

d. ¿............................... en los Reyes Magos cuando erais niños?

Exprimer le passé proche et le passé révolu

Le français parlé a appauvri la différence entre le passé composé et le passé simple. En fait, on a pratiquement chassé le passé simple de la langue courante. On ne dira pas : « Comment connus-tu maman ? », mais : « Comment as-tu connu maman ? »

L'espagnol, lui, maintient la différence entre les événements qui appartiennent à un passé considéré comme révolu (passé simple) et ceux dont on veut souligner les effets dans le présent (passé composé). Il dira par exemple :
¿Cómo conociste a mamá? (on parle de l'événement passé de cette rencontre ; passé simple). Mais on dira :
He conocido a un chico muy simpático → *J'ai connu un garçon très sympathique* (ça vient de se produire, c'est peut-être le début de quelque chose, c'est un passé qui envahit le présent ; passé composé).

Le passé composé espagnol présente moins de pièges que le passé composé français :
- il n'y a qu'un auxiliaire (**haber**) au lieu de deux (*avoir* et *être*) ;
- le participe passé qui suit est invariable, en **-ado** ou en **-ido** (il peut s'accorder en français).

MODULE 4 : CUÉNTAME

Le passé simple régulier se forme sur le radical de l'infinitif. Il y a deux types de terminaisons :
- pour les verbes en **-ar** : **-é, -aste, -ó, -amos, -asteis, -aron** ;
- pour les verbes en **-er** et **en -ir** : **-í, -iste, -ió, -imos, -isteis, -ieron**

Remarque bien les accents écrits à la 1re et à la 3e personne !

passé composé		passé simple		
he ido	je suis allé(e)	canté	conocí	subí
has cantado	tu as chanté	cantaste	conociste	subiste
ha comido	il / elle a mangé	cantó	conoció	subió
hemos entrado	nous sommes entré(e)s	cantamos	conocimos	subimos
habéis subido	vous êtes monté(e)s	cantasteis	conocisteis	subisteis
han conocido	ils / elles ont connu	cantaron	conocieron	subieron

 **Introduis chaque forme verbale au passé composé dans la phrase qui convient.**

HABÉIS OÍDO   **HE PERDIDO**   **HAS PENSADO**   **HA GANADO**

HEMOS PODIDO   **HAN DADO**

a. No .... hacer nada, lo sentimos.

b. .... las llaves del coche.

c. ¿.................................. la noticia?

d. ¿Te .... una propina?

e. ¿Qué .... de mi novio?

f. ¿Quién .... el partido?

MODULE 4 : CUÉNTAME

Repères temporels dans le passé

ayer	*hier*	la semana pasada	*la semaine dernière*
anteayer	*avant-hier*	por la mañana	*le matin*
anoche	*la nuit dernière*	por la tarde	*l'après-midi/le soir*
anteanoche	*avant-hier soir*	por la noche	*le soir/la nuit*
el año pasado	*l'année dernière*		

7. Voici des phrases à la forme progressive (estar + gérondif), qui te présentent des actions en train de se dérouler. Reformule-les en les situant dans le passé de deux manières, passé révolu et passé proche, en fonction des indicateurs temporels fournis.

Se están cortando el pelo.

a. .... esta mañana.

b. .... el año pasado.

Estamos jugando al fútbol.

c. La semana pasada .... al fútbol.

d. .... esta tarde.

Estoy corriendo.

e. Anteayer .... mucho.

f. Hoy .... mucho.

¿Qué estáis comiendo?

g. ¿Qué .... a mediodía?

h. ¿Qué .... anteanoche?

Estás saliendo del cole.

i. ¿A qué hora .... del cole hoy?

j. ¿A qué hora .... del cole ayer?

Está recibiendo un correo.

k. .... un correo esta mañana.

l. .... un correo anoche.

MODULE 4 : CUÉNTAME

Les temps composés et leurs particularités

participes irréguliers	
abierto	*ouvert*
dicho	*dit*
escrito	*écrit*
hecho	*fait*
puesto	*mis*
roto	*cassé*
visto	*vu*
vuelto	*revenu*

Il existe, comme en français, un certain nombre de participes passés irréguliers à connaître pour former les temps composés (passé composé, plus-que-parfait, etc.) :
He vuelto temprano ➜ *Je suis revenu tôt.*
Habían abierto la tienda ➜ *Ils avaient ouvert le magasin.*

Souviens-toi aussi qu'on n'intercale rien, en espagnol, entre l'auxiliaire et le participe.
He comido mucho ➜ *J'ai beaucoup mangé.*
Habías bebido demasiado ➜ *Tu avais trop bu.*

8 **Tu es innocent, forcément, et tes amis aussi. Alors entraîne-toi et traduis ces phrases d'excuse.**

a. Je n'ai rien dit ! ➜ ....

b. Il n'a rien fait ! ➜ ....

c. Nous n'avons rien cassé ! ➜ ....

d. Elle n'a rien vu ! ➜ ....

9 **Pars de la phrase donnée et formule des reproches au plus-que-parfait, en utilisant les verbes donnés. Modèle : a. Je croyais que tu m'avais écrit.**

No he recibido ningún correo tuyo.

a. Creía que me .... [escribir]

Yo he hecho la comida.

b. Pensaba que vosotros .... la mesa. [poner]

La carta que te escribí está todavía cerrada.

c. Pensé que la .... [abrir]

Os he llamado a casa.

d. Creí que ya .... del trabajo. [volver]

MODULE 4 : CUÉNTAME

Exprimer la simultanéité dans une phrase au passé

Dans une phrase au passé, tu peux exprimer que des actions sont liées (dans le temps et parfois avec une nuance causale) de deux manières :
- avec **cuando** + le passé simple. Exemple : **Cuando volvieron a casa, vieron la inundación** → *Quand ils revinrent à la maison, ils virent l'inondation.*
- avec **al** + infinitif. Exemple : **Al volver a casa, vieron la inundación** → *De retour à la maison, ils virent l'inondation.*

Irrégularités au passé simple

estar	autres radicaux irréguliers	
estuv**e**		
estuv**iste**	anduv- (andar)	pus- (poner)
estuv**o**	cup- (caber)	quis- (querer)
estuv**imos**	hic- (hacer)	sup- (saber)
estuv**isteis**	hub- (haber)	tuv- (tener)
estuv**ieron**	pud- (poder)	vin- (venir)

Il existe quinze passés simples irréguliers, dits « forts », qui ont pour la plupart une terminaison commune : **-e, -iste, -o, -imos, isteis, -ieron.** Tu remarques donc que ces verbes ne portent pas d'accent écrit.

Prenons comme modèle **estar** et retiens les radicaux irréguliers de dix de ces verbes.

Quatre verbes sont particuliers dans cette famille.
- **decir** et **traer** ont une 3ᵉ personne du pluriel en **-eron** :
  dije, dijiste, dijo, dijimos, dijisteis, dijeron
  traje, trajiste, trajo, trajimos, trajisteis, trajeron
- **ser** et **ir** ont la même conjugaison : **fui, fuiste, fue, fuimos, fuisteis, fueron**.

 Reformule ces phrases en remplaçant la formule « *al* **+ infinitif » par «** *cuando* **+ verbe conjugué ».**

a. Al saber que habías llegado, te llamé.

...., te llamé.

b. Al ponerse el pantalón, vio que le quedaba pequeño.

...., vio que le quedaba pequeño.

c. Al querer levantar treinta kilos, te dolió la espalda.

...., te dolió la espalda.

MODULE 4 : CUÉNTAME

11 **Exercice inverse : remplace « *cuando* + verbe conjugué » par « *al* + infinitif ».**

a. Cuando hicisteis la tarea, visteis que no habíais entendido la lección.

……………………………………………, visteis que no habíais entendido la lección.

b. Cuando tuvieron dinero, dejaron de hablarnos.

……………………………………………, dejaron de hablarnos.

c. Cuando pusimos la mesa, nos dimos cuenta de que faltaban platos.

……………………………………………, nos dimos cuenta de que faltaban platos.

12 **Complète ces phrases avec *ser* ou *estar* conjugués au passé simple. La personne est indiquée entre crochets.**

a. Siempre ………………………… buenos alumnos. [nosotros]

b. ¿Dónde ………………………… de vacaciones? [tú]

c. ………………………… enfermo la semana pasada. [yo]

d. Nunca …………… muy amigos. [ellos]

e. ¿………………………… de acuerdo con ellos? [vosotros]

f. No …………… una buena idea ver esa película.

13 **Complète ce dialogue au passé simple en introduisant les verbes *traer* et *venir*.**

a. ¿Qué te ………………………… los Reyes Magos?

b. ¡Nada! Este año no ………………………… .

14 **Même exercice, mais, cette fois, sers-toi des verbes *decir* et *poder*.**

a. ¡………………………… que ibais a venir a España este verano!

b. Ah, lo sentimos mucho, pero no ……………………………………… .

MODULE 4 : CUÉNTAME

Faire un récit en utilisant l'imparfait et le passé simple

Valeur des temps

Comme tu le sais, l'espagnol emploie le passé simple là où souvent le français parlé utilise le passé composé : **Anoche cenaron en casa** ➜ *Hier soir, ils ont dîné à la maison* (littéralement *ils dînèrent à la maison*).

Mais, pour le reste, les valeurs de l'imparfait et du passé simple sont les mêmes : **Como no quedaba café en casa** ➜ *Comme il n'y avait plus de café à la maison* (description d'une situation sans autre précision = imparfait), **bajé al bar** ➜ *je descendis* (ou *je suis descendu*) *au bar* (action qui coupe la précédente = passé simple).

Irrégularités au passé simple

pedir	sentir	leer
pedí	sentí	leí
pediste	sentiste	leíste
pidió	sintió	leyó
pedimos	sentimos	leímos
pedisteis	sentisteis	leísteis
pidieron	sintieron	leyeron

Le radical **-e** devient **-i** à la 3ᵉ personne (singulier et pluriel) pour les :
- verbes à affaiblissement (modèle **pedir**) ;
- verbes dits à alternance (modèle **sentir**, **mentir**, **preferir**).

Un **-y** s'intercale à la 3ᵉ personne (singulier et pluriel) pour des verbes dont le radical se termine en voyelle : **leer**, **oír**, **caer**, **huir**, etc.

15 À gauche, des causes ; à droite, des conséquences. Comme dans le modèle, relie logiquement les propositions.

a. no quedar vino • • 1. servirse con las manos

b. no haber cubiertos • • 2. mentir a la policía

c. hacer mal tiempo • • 3. pedir cerveza

d. estar la música demasiado alta • • 4. leer esa novela

e. haberla escrito tú • • 5. preferir no salir

f. no querer denunciarte • • 6. no oír lo que decían

MODULE 4 : CUÉNTAME

16 Maintenant, rédige les phrases correspondantes, au passé, en respectant l'alternance imparfait / passé simple. La personne est donnée. Modèle : a. Comme il n'y avait plus de vin, nous demandâmes de la bière.

a. [nosotros] Como ....

b. [ellos] Como ....

c. [tú] Como ....

d. [usted] Como ....

e. [yo] Como ....

f. [él] Como ....

17 Traduis ces phrases en utilisant le passé simple.

a. Hier il est tombé beaucoup de pluie.

→ ....

b. Les voleurs ont fui quand ils ont entendu le chien.

→ ....

c. C'est un bon dentiste : je n'ai rien senti.

→ ....
....

d. Qui a choisi ce restaurant ?

→ ....
....

e. Hier un chien m'a suivi.

→ ....
....

MODULE 4 : CUÉNTAME

Exprimer la durée

Tu exprimes la durée au moyen de deux formules :
Hace… ➜ *Ça fait…* / **Desde hace…** ➜ *Depuis…*
Hace un año que estoy casado ➜ *Ça fait un an que je suis marié.*
Estoy casado desde hace un año ➜ *Je suis marié depuis un an.*

Tu peux aussi utiliser des constructions avec le verbe **llevar**, qui prend alors un sens temporel. Attention : la personne concernée par l'action sera le sujet de **llevar**.

- **Llevar** + unité de temps + verbe au gérondif :
  Llevo seis meses viviendo en España ➜ *Je vis en Espagne depuis six mois.*

- **Llevar** + unité de temps + adjectif, adverbe ou participe :
  Llevas tres días resfriado ➜ *Ça fait trois jours que tu es enrhumé.*
  Lleva media hora delante de tu casa ➜ *Ça fait une demi-heure qu'il est devant chez toi.*

- **Llevar** + unité de temps + **sin** + infinitif, si l'idée de durée porte sur une négation :
  Llevamos un año sin trabajar ➜ *Ça fait un an que nous ne travaillons pas.*

18 Reformule ces phrases en exprimant la durée au moyen de *llevar* + verbe.

Habla de esa chica desde hace mucho tiempo.

a. ....

¿Cuánto tiempo hace que esperáis?

b. ¿..?

19 Même exercice ; utilise *llevar* + participe ou adverbe.

Están casados desde hace diez años.

a. ....
....

Hace una hora que estoy aquí.

b. ....
....

MODULE 4 : CUÉNTAME

20 **Même exercice ; utilise cette fois** *llevar* **dans un contexte négatif.**

Hace un mes que no vemos a mis padres.

a. ....

No me escribes desde hace una eternidad.

b. ....

21 **Traduis ces phrases en utilisant les constructions avec** *llevar* **vues en leçon.**

a. Ça fait deux heures que tu joues avec ton portable.

→ ....

b. Ça fait une semaine que nous sommes malades.

→ ....

c. Ça fait trois nuits que je ne dors pas.

→ ....

MODULE 4 : CUÉNTAME

TÂCHE PRATIQUE : LIRE UN CONTE

Tu as fait le tour des temps du passé, de leurs emplois et de leurs valeurs. Pour suivre un récit, il va te falloir aussi maîtriser les mots de liaison et tout ce qui permet l'enchaînement logique et temporel des événements.

Construire un récit

Le déroulement

al principio	au début
primero	d'abord
luego	ensuite
después	après
al rato	un moment après
a los cinco minutos	cinq minutes plus tard
a la media hora	une demi-heure plus tard
al cabo de	au bout de
al día siguiente	le jour suivant
durante	pendant

Les rebondissements

entonces	alors
de repente	soudain
de golpe	d'un coup

Les enchaînements

así que / de modo que	de sorte que
por eso	pour cette raison

Le dénouement

al final	à la fin
finalmente	finalement

MODULE 4 : CUÉNTAME

22 Réordonne les mots pour construire une phrase correcte.

PUSIERON   SE   TODOS   DE   A   CORRER   REPENTE

a. ....

DE   HORA   CAMARERO   CABO   EL   MEDIA   APARECIÓ   AL

b. ....

FINALMENTE   APERITIVO,   POSTRE   PEDÍ   LUEGO   UN   FILETE   Y   UN   PRIMERO   UN

c. ....

NADA   MESES   PRINCIPIO   ENTENDÍA   AL   NO   PERO   PERFECTAMENTE   SEIS   A   LOS   HABLABA

d. ....

23 Voici un petit conte écrit par l'auteure espagnole Elvira Lindo : *Olivia y la carta a los Reyes Magos, Ediciones SM, 1996.* Mais il a été malencontreusement déchiré en six morceaux... Sauras-tu le remettre dans l'ordre ?

A Al año siguiente, escribí en mi carta: "Quiero electricidad para mi tren". Los Reyes me sorprendieron con el tren eléctrico más bonito que había visto en mi vida.

B Mi tren verde y rojo era fantástico. Había que moverlo con el dedo y hacer el chucuchucuchucu con la boca.

C Cuando yo era pequeño escribí una carta a los Reyes. Entonces, los Reyes solo te traían una cosa, así que yo puse con letra bien clarita: "Un tren eléctrico".

D Tanto me gustaba el tren de mi amigo que mi padre me ayudó a construir uno con palillos y cartón. Yo pintaba los vagones con mis nuevas acuarelas.

E Pero nunca me deshice de mi tren de cartón, porque me había servido para saber que los Reyes me habían hecho un regalo invisible que me ha durado toda la vida: las ganas de no aburrirme nunca.

F Los Reyes se debieron de equivocar, porque el tren eléctrico se lo trajeron a mi vecino. A mí, una caja de acuarelas.

1. ......   4. ......
2. ......   5. ......
3. ......   6. ......

MODULE 4 : CUÉNTAME

DÉCOUVERTE CULTURELLE : DON QUICHOTTE

Una obra universal

"En un lugar de la Mancha, de cuyo nombre no quiero acordarme", *Dans un village de la Manche, dont je ne veux pas me rappeler le nom*: así comienza uno de las obras más famosas de la literatura, la más traducida después de la Biblia: *El ingenioso hidalgo don Quijote de la Mancha*. La escribió Miguel de Cervantes, en dos partes, en 1605 y 1615, y se la considera la primera novela en el sentido moderno de la palabra. El 23 de abril, fecha supuesta de la muerte de Cervantes y del inglés Shakespeare, se celebra el Día Mundial del Libro.

La locura de don Quijote

El libro cuenta la historia de un hidalgo, o sea un pequeño noble, bastante pobre, fanático lector de novelas de caballería. Estas novelas eran muy populares: contaban las aventuras de caballeros medievales, que luchaban contra todo tipo de enemigos, humanos y sobrenaturales, en ambientes a menudo fantásticos.

De tanto leer, Don Quijote pierde la cabeza y se imagina que él también es un héroe – como los de sus novelas – y que le espera una misión: alcanzar la gloria y el amor de su dama. Se lanza pues a la aventura, montado en un viejo caballo – Rocinante – y con la compañía de un vecino suyo: Sancho Panza, su escudero.

Las aventuras de don Quijote

Pero el mundo real no es el de las novelas y las aventuras de don Quijote siempre terminan mal: lo consideran loco, se burlan de él. La búsqueda de un ideal termina a menudo con el caballero en el suelo… El episodio más célebre y simbólico es la historia de los molinos de viento, a quienes don Quijote ataca, creyendo que son gigantes.

MODULE 4 : CUÉNTAME

Las interpretaciones de la obra

En su época, se consideró a don Quijote como un personaje simplemente cómico y entretenido. Más tarde, se convirtió en un símbolo del idealismo luchando contra un mundo injusto y cruel. Hoy en día, el personaje inventado por Cervantes es más que nunca un personaje actual. La moda de los superhéroes, el gusto por los juegos de rol, los cambios de identidad y las realidades virtuales, ¿no son como la prolongación de la locura de don Quijote?

24 Vrai ou faux ? Coche la bonne réponse.

	VERDADERO	FALSO
a. Don Quijote lee mucho.	☐	☐
b. Don Quijote se imagina que unos molinos son gigantes.	☐	☐
c. Don Quijote se publicó el 23 de abril de 1605.	☐	☐
d. El caballo de don Quijote se llama Rocinante.	☐	☐
e. El personaje de don Quijote es un noble rico.	☐	☐
f. La segunda parte de la obra fue escrita por Shakespeare.	☐	☐
g. Sancho Panza es el enemigo de don Quijote.	☐	☐

25 Cherche dans la leçon la traduction espagnole de ces mots.

a. un roman de chevalerie → ....

b. surnaturel → ....

c. écuyer → ....

d. géant → ....

e. un super-héros → ....

f. un jeu de rôle → ....

g. la folie → ....

h. fou → ....

MODULE 4 : CUÉNTAME

Bilan

😊 😐 ☹️

Comparer le passé et le présent
1. ……… ☐☐☐
2. ……… ☐☐☐
3. ……… ☐☐☐
4. ……… ☐☐☐
5. ……… ☐☐☐

Exprimer le passé proche et le passé révolu
6. ……… ☐☐☐
7. ……… ☐☐☐

Les temps composés et leurs particularités
8. ……… ☐☐☐
9. ……… ☐☐☐

Exprimer la simultanéité dans une phrase au passé
10. ……… ☐☐☐
11. ……… ☐☐☐
12. ……… ☐☐☐
13. ……… ☐☐☐
14. ……… ☐☐☐

Faire un récit en utilisant l'imparfait et le passé simple
15. ……… ☐☐☐
16. ……… ☐☐☐
17. ……… ☐☐☐

Exprimer la durée
18. ……… ☐☐☐
19. ……… ☐☐☐
20. ……… ☐☐☐
21. ……… ☐☐☐

Tâche pratique
Lire un conte
22. ……… ☐☐☐
23. ……… ☐☐☐

Découverte culturelle
Don Quichotte
24. ……… ☐☐☐
25. ……… ☐☐☐

La vida es sueño

Objectifs

- **Tu vas apprendre à :**
  - Envisager le futur
  - Exprimer le futur dans la phrase complexe
  - Maîtriser les particularités du futur dans la subordonnée (complétive, relative, interrogative indirecte)
  - Faire une supposition
  - Rapporter des événements passés
  - Imaginer des situations, réalisables ou irréelles

- **Pour cela, tu vas maîtriser :**
  - Le futur de l'indicatif :
    - verbes réguliers en **-ar**, **-er** et **-ir**
    - les douze verbes irréguliers
  - Le futur antérieur
  - Les outils de la phrase hypothétique :
    - **a lo mejor, tal vez, quizás**
    - la valeur d'hypothèse du futur en espagnol
  - Les subordonnées temporelles et relatives :
    - les conjonctions de temps
    - l'expression du futur par le subjonctif
    - le subjonctif à valeur de futur dans la relative
  - La formation et les usages du conditionnel :
    - l'affirmation atténuée
    - la concordance des temps au passé
    - la subordonnée conditionnelle
  - La formation du subjonctif imparfait
  - L'emploi du subjonctif imparfait dans la subordonnée conditionnelle
  - Lexique : les indicateurs temporels ; une enquête policière ; les jeux de société ; la nature et les animaux sauvages

- **Tu seras aussi capable de :**
  - Faire la liste des courses

- **Et tu vas découvrir :**
  - Le régime méditerranéen

Module 5

MODULE 5 : LA VIDA ES SUEÑO

Envisager le futur

Comme en français, le futur espagnol se construit à partir de l'infinitif, auquel on ajoute des terminaisons dérivées de l'auxiliaire « avoir » : **cantar-é**, *je chanter-ai* (c'est un peu comme si tu disais « j'ai à chanter »). Attention à l'accent écrit ! Il est présent à toutes les personnes sauf à la 1re du pluriel.

Comme en français, les irrégularités ne concernent que le radical du verbe (pouvoir, par exemple, fait *je pourrai*, et non je « pouvoirai »). Il y a douze futurs irréguliers en espagnol. Observe et retiens bien leur radical.

futurs réguliers	
cantaré	je chanterai
comerás	tu mangeras
vivirá	il vivra
beberemos	nous boirons
leeréis	vous lirez
hablarán	ils parleront

futurs réguliers			
caber	cabré, cabrás…	querer	querré, querrás…
decir	diré, dirás…	saber	sabré, sabrás…
haber	habré, habrás…	salir	saldré, saldrás…
hacer	haré, harás…	tener	tendré, tendrás…
poder	podré, podrás…	valer	valdré, valdrás…
poner	pondré, pondrás…	venir	vendré, vendrás…

Les indicateurs temporels, au futur

dentro de una hora	*dans une heure*
el año que viene	*l'année prochaine*
el próximo jueves	*jeudi prochain*
enseguida	*tout de suite*
la semana próxima	*la semaine prochaine*
mañana	*demain*
pasado mañana	*après-demain*
pronto	*bientôt*
próximamente	*prochainement*
un día	*un jour*

MODULE 5 : LA VIDA ES SUEÑO

1 La première case, en orange, c'est l'instant zéro, le présent ; les suivantes, en vert, le déroulement du futur (en heures, jours, mois, saisons). Écris les phrases qui correspondent au tableau (l'action exprimée au futur avec le repère temporel qui convient). Modèle : a. Je sortirai promener après-demain.

	MIÉRCOLES 05/04/2018 12:00	MIÉRCOLES 05/04/2018 14:00	JUEVES 06/04/2018	VIERNES 07/04/2018	MARTES 11/04/2018	MAYO 2018	VERANO 2018
a. yo				salir a pasear			
b. nosotras							viajar a Andalucía
c. ellos					tener un examen		
d. vosotros		volver a clase					
e. ella						cumplir 15 años	
f. tú			venir a casa				

a. ....
b. ....
c. ....
d. ....
e. ....
f. ....

2 Classe ces trois indicateurs temporels par ordre d'urgence : a. désigne le plus immédiat ; c. le plus éloigné dans le futur.

PRONTO   UN DÍA   ENSEGUIDA

a. ....   b. ....   c. ....

MODULE 5 : LA VIDA ES SUEÑO

3 Construis trois phrases. Tu dois :
— reprendre les trois indicateurs dans l'ordre que tu as trouvé ;
— introduire au futur les verbes *hacer*, *poder* et *poner* dans la phrase qui convient.

a. .... la mesa. [yo]

b. .... conducir un coche. [nosotros]

c. .... su cama. [él]

Exprimer le futur dans la phrase complexe

Si tu veux construire une phrase complexe au futur avec une proposition subordonnée, tu ne peux pas utiliser le futur dans celle-ci. À la place, tu emploies le subjonctif présent. Au lieu de dire **Cuando "tendré" dinero, iré a México**, il faut dire **Cuando tenga dinero, iré a México** → *Quand j'aurai de l'argent, j'irai au Mexique.*

Sois donc attentif aux concordances entre le temps de la principale et celui de la subordonnée temporelle ; on est à l'indicatif comme en français si on parle du présent ou du passé :
Cuando canto, la gente se va → *Quand je chante, les gens s'en vont.*
Cuando cantaba, la gente se iba → *Quand je chantais, les gens s'en allaient.*

On passe au subjonctif dans la subordonnée si on envisage le futur :
Cuando cante, la gente se irá → *Quand je chanterai, les gens s'en iront.*

La règle que tu viens de voir s'applique bien sûr à toutes les conjonctions temporelles, pas seulement **cuando** !

Conjonctions de subordination temporelles

en cuanto	*dès que*
antes de que	*avant que*
mientras	*tant que*
hasta que	*jusqu'à ce que*

MODULE 5 : LA VIDA ES SUEÑO

4 Introduis le verbe *volver* au temps qui convient dans les phrases suivantes.

a. En cuanto ………………………… a casa, me pongo a estudiar.

b. En cuanto ………………………… a casa, me pondré a estudiar.

c. En cuanto ………………………… a casa, me puse a estudiar.

d. En cuanto ………………………… a casa, me ponía a estudiar.

5 Transforme ces phrases selon le modèle :
a. Tu ne parles pas bien espagnol parce que tu ne vas pas davantage en Espagne.
→ Quand tu iras davantage en Espagne, tu parleras bien espagnol.

a. No hablas bien español porque no vas más a España.

→ ……………………………………………………………………

b. No puedo hablarte de él porque no sé quién es.

→ ……………………………………………………………………

c. No decimos lo que sabemos porque la policía no nos pregunta.

→ ……………………………………………………………………

6 Conjugue les verbes à la forme qui convient et à la personne indiquée.
Modèle : a. Je t'aimerai tant que tu m'aimeras.

[yo] quererte / **mientras** / [tú] quererme

a. ……………………………………………………………………

[nosotros] salir a correr / **antes de que** / salir el sol

b. ……………………………………………………………………

[yo] no decirle una palabra / **hasta que** / [él] no decirme la verdad

c. ……………………………………………………………………

MODULE 5 : LA VIDA ES SUEÑO

Le futur dans la subordonnée : particularités

Les règles de la proposition temporelle concernent aussi la proposition relative. Tu n'écriras donc pas :
Haz lo que "querrás" mais Haz lo que <u>quieras</u> → *Fais ce que tu voudras.*

En revanche, elles ne s'appliquent pas à la proposition complétive (simplement déclarative, sans nuance de temps) :
Creo que vendrá → *Je crois qu'il viendra.*

Elles ne concernent pas non plus la subordonnée interrogative indirecte :
No sé cuándo podré venir → *Je ne sais pas quand je pourrai venir.*

Tu reconnais les interrogatives indirectes par le sens (il y a une question sous-entendue) et par l'accent tonique que porte le mot interrogatif (dans l'exemple : **cuándo**).

7 Coche la bonne traduction de ces phrases.

a. Je ferai ce que je pourrai.
   ◇ Haré lo que pueda.
   ◇ Haré lo que podré.

b. Je pense que ça vaudra la peine.
   ◇ Pienso que valga la pena.
   ◇ Pienso que valdrá la pena.

c. Je me demande s'il saura répondre.
   ◇ Me pregunto si sepa contestar.
   ◇ Me pregunto si sabrá contestar.

8 Traduis ces phrases.

a. Il dit qu'il le fera.

→ ....

b. Tu ne sais pas qui viendra à ton anniversaire ?

→ ....

c. Nous irons où vous voudrez.

→ ....

MODULE 5 : LA VIDA ES SUEÑO

Faire une supposition

A lo mejor, *peut-être*, te permet de faire une supposition comme en français, à l'indicatif :
A lo mejor no te acuerdas de mí → *Tu ne te souviens peut-être pas de moi.*

Tu peux aussi utiliser d'autres formules de même sens : **tal vez** ou **quizás**. La plupart du temps, il faut les utiliser avec le subjonctif : **Tal vez / Quizás no te acuerdes de mí.**

Mais le futur espagnol prend aussi parfois une valeur hypothétique, selon le contexte :
No te acordarás de mí, ¿verdad? → *Tu ne te souviens sans doute pas de moi, n'est-ce pas ?*

Le futur peut, comme en français, devenir un temps composé : le futur antérieur. On prend l'auxiliaire **haber** au futur et on ajoute un participe passé. Donc si tu veux faire une supposition au futur antérieur, tu diras par exemple :
No habrá tenido tiempo → *Il n'a pas dû avoir le temps.*

9 **Complète l'amorce pour exprimer autrement la supposition donnée.**

a. Tal vez no sepas la respuesta.

A lo mejor no .... la respuesta.

b. A lo mejor está enfermo.

Quizás .... enfermo.

c. Quizás tengan miedo.

A lo mejor .... miedo.

Une enquête policière

defenderse	se défendre
el arma	l'arme
el asesino	l'assassin
el crimen	le crime
la víctima	la victime
pasar	se passer

MODULE 5 : LA VIDA ES SUEÑO

10 L'inspecteur mène l'enquête et se pose de nombreuses questions... Formule-les en espagnol en te servant du futur ou du futur antérieur hypothétiques.

a. Qu'a-t-il bien pu se passer ?

➜ ....

b. Qui peut bien être l'assassin ?

➜ ....

c. Où peut bien être l'arme du crime ?

➜ ....

d. La victime s'est-elle peut-être défendue ?

➜ ....

e. Qu'ont bien pu se dire la victime et l'assassin ?

➜ ....

Rapporter des événements passés

Comme en français, il faut utiliser les temps de façon cohérente si tu fais un récit au passé. Observe les concordances, ce sont les mêmes dans les deux langues.

Principale au présent subordonnée au présent, au passé composé ou au futur	Principale au passé subordonnée à l'imparfait, au plus-que-parfait ou au conditionnel
Creo que le gustan los zoológicos. ➜ *Je crois qu'il aime les zoos.*	**Creía que le gustaban los zoológicos** ➜ *Je croyais qu'il aimait les zoos.*
Creo que le ha gustado el zoológico. ➜ *Je crois qu'il a aimé le zoo.*	**Creía que le había gustado el zoológico** ➜ *Je croyais qu'il avait aimé le zoo.*
Creo que le gustará el zoo. ➜ *Je crois qu'il aimera le zoo.*	**Creí que le gustaría el zoo.** ➜ *J'ai cru qu'il aimerait le zoo.*

Remarque la concordance du futur, qui devient un conditionnel si la phrase est au passé. Le conditionnel, c'est donc comme le futur, mais avec des terminaisons du passé, celles de l'imparfait (**ía, ías**, etc.). Le radical, c'est l'infinitif, et les irrégularités sont les mêmes que celles du futur.

MODULE 5 : LA VIDA ES SUEÑO

conditionnel régulier	
com**ería**	je mangerais
com**erías**	tu mangerais
com**ería**	il mangerait
com**eríamos**	nous mangerions
com**eríais**	vous mangeriez
com**erían**	ils mangeraient

conditionnels irréguliers			
caber	cabr**ía**, cabr**ías**...	querer	querr**ía**, querr**ás**...
decir	dir**ía**, dir**ías**...	saber	sabr**ía**, sabr**ías**...
haber	habr**ía**, habr**ías**...	salir	saldr**ía**, saldr**ías**...
hacer	har**ía**, har**ías**...	tener	tendr**ía**, tendr**ías**...
poder	podr**ía**, podr**ías** ...	valer	valdr**ía**, valdr**ías**...
poner	pondr**ía**, pondr**ías**...	venir	vendr**ía**, vendr**ías**...

11 Voici un petit passage de l'autobiographie de Ana María Matute, romancière espagnole. Elle y parle de son premier roman. Nous avons mis les verbes au présent ; à toi de réécrire le texte au passé en faisant les concordances.

Escribo [................] mi primera novela, *Pequeño teatro*, en un cuaderno cuadriculado. Sólo tengo [................] diecisiete años y, sin pensarlo dos veces, me presento [................] en la editorial Destino con mi manuscrito. Después de esperar unos cuantos días, me recibe [................] Ignacio Agustí, que es [................] muy amable conmigo y me dice [................] que lo primero que tengo [................] que hacer era pasar la novela a máquina y volver a llevarla.

Marie-Lise Gazarian-Gautier, Ana María Matute, *La voz del silencio*, 1997

12 Et voici la suite de l'histoire... Mets le premier verbe (*llevo*) au passé simple et réécris le texte en faisant toutes les concordances.

La llevo [................] otra vez a Destino con unos nervios terribles y pensando que ya no se acordarán [................] de mí. Me vuelve [................] a recibir Ignacio Agustí, que me dice [................] que la leerán [................] y que me contestarán [................] pronto. Salgo [................] pensando que no me harán [................] ni caso, que sólo han sido [................] buenas palabras de un hombre que es [................] muy educado.

Marie-Lise Gazarian-Gautier, Ana María Matute, *La voz del silencio*, 1997

MODULE 5 : LA VIDA ES SUEÑO

13 Comme en français, le conditionnel espagnol peut avoir une valeur d'atténuation, comme lorsque l'on veut demander quelque chose de façon polie : Vous auriez du feu ? au lieu de : Vous avez du feu ? Reformule ces phrases avec un conditionnel d'atténuation.

a. ¿Tienes fuego? ....

b. ¿Me hacéis un favor? ....

c. ¿Me dices tu número de móvil? ....

d. ¿Podéis ayudarme? ....

Imaginer des situations, réalisables ou irréelles

Les événements simplement possibles s'expriment comme en français, aux temps de l'indicatif : **Si puedo, iré a verte** → *Si je peux, j'irai te voir.*

Les événements qui supposent une condition présentement irréalisée s'expriment par le conditionnel dans la principale (comme en français), mais par l'imparfait du subjonctif dans la principale : **Si pudiera, iría a verte** → *Si je pouvais, j'irais te voir.*

L'imparfait du subjonctif est donc très courant en espagnol. Pour le construire :
- on prend la 3ᵉ personne du pluriel du passé simple (par exemple **cantaron**, *ils chantèrent*) ;
- on remplace la dernière syllabe par des terminaisons en **-ra**… (cantara, cantaras…).

cantara	saliera	fuera
cantaras	salieras	fueras
cantara	saliera	fuera
cantáramos	saliéramos	fuéramos
cantarais	salierais	fuerais
cantaran	salieran	fueran

Voici trois modèles pour ce temps : verbes **cantar** et **salir**, ainsi que **ser**, qui a un passé simple fort.

Les jeux

el futbolín	le baby-foot
el ajedrez	les échecs
los dardos	les fléchettes
las cartas	les cartes
echar una partida	faire une partie

MODULE 5 : LA VIDA ES SUEÑO

14 Transforme ces phrases en conditionnelles à l'irréel.
Modèle : a. Si je pouvais, je jouerais aux fléchettes avec toi.

a. Si puedo, jugaré a los dardos contigo.
....

b. Si tenemos tiempo, echaremos una partida de cartas.
....

c. Si entrenas, me ganarás al futbolín.
....

d. Si ponéis más atención, no perderéis al ajedrez.
....

Les loisirs, les animaux, la nature

el senderismo	la randonnée	la selva	la jungle
la naturaleza	la nature	el mono	le singe
el cielo	le ciel	el cocodrilo	le crocodile
las estrellas	les étoiles	el león	le lion

15 Associe logiquement les étiquettes des deux boîtes et rédige les phrases que tu vas composer, avec une conditionnelle à l'irréel.

el cielo / estar despejado
ellos / tener una cámara
tú / saber nadar mejor
vosotros / ir a la selva
yo / estar en forma

hacer senderismo
nosotros / contar las estrellas
poder bañarte conmigo
sacar una foto a los cocodrilos
ver leones y monos

a. ....
b. ....
c. ....
d. ....
e. ....

MODULE 5 : LA VIDA ES SUEÑO

TÂCHE PRATIQUE :
FAIRE LA LISTE DES COURSES

La compra, au singulier, désigne collectivement *les courses* : **Voy a hacer la compra** ➜ *Je vais faire les courses*. Tu as vu la formule **hacer falta**, *falloir* ; tu peux l'employer dans ce contexte : **¿Hace falta cerveza?** ➜ *Il faut de la bière ?* Attention à ne pas la confondre avec le verbe **faltar**, *manquer, faire défaut* :
¿Falta algo? ➜ *Il manque quelque chose ?*
Falta mantequilla ➜ *Il manque du beurre.*
Faltan las cucharas ➜ *Il manque les cuillères.*
Me faltan diez euros ➜ *Il me manque dix euros.*

Les courses

el algodón	*le coton*		
la cerveza	*la bière*	la hamburguesa	*le hamburger*
el champú	*le shampoing*	el jabón	*le savon*
el chocolate	*le chocolat*	la mermelada	*la confiture*
el detergente	*la lessive*	el papel higiénico	*le papier hygiénique*
los espaguetis	*les spaghettis*	la pasta de dientes	*le dentifrice*
el gel de ducha	*le gel douche*	las patatas fritas	*les chips*
la harina	*la farine*	la salchicha	*la saucisse*
el helado	*la glace*	el vino	*le vin*

 Gloria a envoyé Pedro faire les courses avec une liste... et voici ce qu'il a ramené. Elle va lui faire remarquer tout ce qui manque : complète sa bulle !

La lista de Gloria

mermelada   papel higiénico   pasta de dientes   algodón
champú   gel de ducha   jabón   harina   helados
chocolate   detergente   espaguetis

MODULE 5 : LA VIDA ES SUEÑO

La compra de Pedro

¡Faltan ....
....
....
....

17 Gloria dit maintenant tout ce qu'il n'était pas nécessaire d'acheter. Complète la bulle.

¡No hacían falta ....
....
....
....

109

MODULE 5 : LA VIDA ES SUEÑO

DÉCOUVERTE CULTURELLE : LE RÉGIME MÉDITERRANÉEN

Una dieta saludable

Diferentes estudios científicos han demostrado que la alimentación de los países ribereños del Mediterráneo, compuesta por verduras, legumbres, frutas, pescado, aceite de oliva y vino, es la causa de las reducidas cifras de colesterol que presentan los mediterráneos. Sobre todo cuando se comparan con los habitantes de América del norte, anglosajones y centroeuropeos, quienes consumen una dieta basada en grasas y proteínas de origen animal, productos lácteos y dulces cocinados con mantequilla y derivados.

Pero las costumbres cambian, y los tradicionales cocidos y "platos de cuchara", con lentejas, alubias y garbanzos, convencen cada vez menos a los jóvenes españoles...

Les aliments de la pyramide

el ajo	l'ail
el marisco	les fruits de mer
la alcachofa	l'artichaut
la cebolla	l'oignon
la ensalada	la salade
la sandía	la pastèque
la ternera	le bœuf
las alubias	les haricots
las avellanas	les noisettes
las especias	les épices
las legumbres	les légumes secs
las lentejas	les lentilles
las nueces	les noix
los dulces	les gâteaux et les douceurs
los embutidos	la charcuterie
los garbanzos	les pois chiches

18 À quel régime alimentaire associes-tu les aliments suivants ?

	dieta mediterránea	dieta anglosajona
aceite de oliva		
carne		
ensaladas		
fruta		
lácteos		
legumbres		
mantequilla		
pasteles		
pescado		
verdura		
vino		

MODULE 5 : LA VIDA ES SUEÑO

Semanal
- Vino con moderación y respetando las costumbres
- Dulces ≤ 2r
- Carne roja < 2r / Carnes procesadas ≤ 1r
- Huevos 2-4r / Legumbres ≥ 2r
- Patatas ≤ 3r
- Carne blanca 2r / Pescado / Marisco ≥ 2r

Cada día
- Derivados lácteos 2r (preferir bajos en grasa)
- Frutos secos / Semillas / Aceitunas 1-2r
- Hierbas / Especias / Ajo / Cebolla (menos sal añadida) / Variedad de aromas

Cada comida principal
- Frutas 1-2 | Verduras ≥ 2r / Variedad de colores / texturas (Cocidas / Crudas)
- **Aceite de oliva** / Pan / Pasta / Arroz / Cuscús / Otros cereales 1-2r (preferir integrales)
- Agua e infusiones de hierbas

Actividad física diaria
Descanso adecuado
Convivencia

Biodiversidad y estacionalidad
Productos tradicionales, locales y respetuosos con el medio ambiente
Actividades culinarias

MODULE 5 : LA VIDA ES SUEÑO

19 Classe chaque aliment dans sa catégorie.

	la fruta	la verdura	los frutos secos	las legumbres
alcachofa				
garbanzos				
sandía				
avellanas				
nueces				
lentejas				
alubias				
ensalada				

20 Observe la pyramide et classe ces aliments à leur place dans l'échelle fournie : à gauche le moins fréquent, à droite le plus fréquent.

aceitunas ○ ○ ○ ○ ○ ○ ○
chorizo   ○ ○ ○ ○ ○ ○ ○
pan   ○ ○ ○ ○ ○ ○ ○
pasteles   ○ ○ ○ ○ ○ ○ ○
pollo   ○ ○ ○ ○ ○ ○ ○
queso   ○ ○ ○ ○ ○ ○ ○
té   ○ ○ ○ ○ ○ ○ ○

21 Consulte la pyramide et complète ces phrases en ajoutant *más* ou *menos*.

Para tener una dieta saludable, hay que comer…

a. .... alcachofas que huevos.

b. .... carne que pescado.

c. .... mantequilla que aceite de oliva.

d. .... manzanas que dulces.

e. .... patatas que arroz.

f. .... cereales que marisco.

112

MODULE 5 : LA VIDA ES SUEÑO

Bilan

😊 😐 ☹

Envisager le futur
1. ………
2. ………
3. ………

Exprimer le futur dans la phrase complexe
4. ………
5. ………
6. ………

Le futur dans la subordonnée : particularités
7. ………
8. ………

Faire une supposition
9. ………
10. ………

Rapporter des événements passés
11. ………
12. ………
13. ………

Imaginer des situations, réalisables ou irréelles
14. ………
15. ………

Tâche pratique
Faire la liste des courses
16. ………
17. ………

Découverte culturelle
Le régime méditerranéen
18. ………
19. ………
20. ………
21. ………

Infinitivo (infinitif)	Presente de indicativo (indicatif présent)	Presente de subjuntivo (subjonctif présent)	Imperativo (impératif)		Pretérito imperfecto de indicativo (indicatif imparfait)
Les verbes réguliers					
Hablar *parler*	hablo hablas habla hablamos habláis hablan	hable hables hable hablemos habléis hablen	habla	hablad	hablaba hablabas hablaba hablábamos hablabais hablaban
Aprender *apprendre*	aprendo aprendes aprende aprendemos aprendéis aprenden	aprenda aprendas aprenda aprendamos aprendáis aprendan	aprende	aprended	aprendía aprendías aprendía aprendíamos aprendíais aprendían
Vivir *vivre*	vivo vives vive vivimos vivís viven	viva vivas viva vivamos viváis vivan	vive	vivid	vivía vivías vivía vivíamos vivíais vivían
Les verbes à diphtongue e ➡ ie o ➡ ue					
Pensar *penser*	pienso piensas piensa pensamos pensáis piensan	piense pienses piense pensemos penséis piensen	piensa	pensad	pensaba pensabas pensaba pensábamos pensabais pensaban
Entender *comprendre*	entiendo entiendes entiende entendemos entendéis entienden	entienda entiendas entienda entendamos entendáis entiendan	entiende	entended	entendía entendías entendía entendíamos entendíais entendían
Contar *raconter*	cuento cuentas cuenta contamos contáis cuentan	cuente cuentes cuente contemos contéis cuenten	cuenta	contad	contaba contabas contaba contábamos contabais contaban
Mover *bouger*	muevo mueves mueve movemos movéis mueven	mueva muevas mueva movamos mováis muevan	mueve	moved	movía movías movía movíamos movíais movían
Les verbes à affaiblissement e ➡ i					
Pedir *demander*	pido pides pide pedimos pedís piden	pida pidas pida pidamos pidáis pidan	pide	pedid	pedía pedías pedía pedíamos pedíais pedían

Même modèle pour : seguir, corregir, despedir, elegir, impedir, medir, servir, vestir.

Pretérito indefinido (passé simple)	Pretérito imperfecto de subjuntivo (subjonctif imparfait)	Futuro (futur)	Condicional (conditionnel)	Gerundio / part. pasivo (part. présent / passé)
Les verbes réguliers				
hablé hablaste habló hablamos hablasteis hablaron	hablara hablaras hablara habláramos hablarais hablaran	hablaré hablarás hablará hablaremos hablaréis hablarán	hablaría hablarías hablaría hablaríamos hablaríais hablarían	hablando hablado
aprendí aprendiste aprendió aprendimos aprendisteis aprendieron	aprendiera aprendieras aprendiera aprendiéramos aprendierais aprendieran	aprenderé aprenderás aprenderá aprenderemos aprenderéis aprenderán	aprendería aprenderías aprendería aprenderíamos aprenderíais aprenderían	aprendiendo aprendido
viví viviste vivió vivimos vivisteis vivieron	viviera vivieras viviera viviéramos vivierais vivieran	viviré vivirás vivirá viviremos viviréis vivirán	viviría vivirías viviría viviríamos viviríais vivirían	viviendo vivido
Les verbes à diphtongue e → ie o → ue				
pensé pensaste pensó pensamos pensasteis pensaron	pensara pensaras pensara pensáramos pensarais pensaran	pensaré pensarás pensará pensaremos pensaréis pensarán	pensaría pensarías pensaría pensaríamos pensaríais pensarían	pensando pensado
entendí entendiste entendió entendimos entendisteis entendieron	entendiera entendieras entendiera entendiéramos entendierais entendieran	entenderé entenderás entenderá entenderemos entenderéis entenderán	entendería entenderías entendería entenderíamos entenderíais entenderían	entendiendo entendido
conté contaste contó contamos contasteis contaron	contara contaras contara contáramos contarais contaran	contaré contarás contará contaremos contaréis contarán	contaría contarías contaría contaríamos contaríais contarían	contando contado
moví moviste movió movimos movisteis movieron	moviera movieras moviera moviéramos movierais movieran	moveré moverás moverá moveremos moveréis moverán	movería moverías movería moveríamos moveríais moverían	moviendo movido
Les verbes à affaiblissement e → i				
pedí pediste pidió pedimos pedisteis pidieron	pidiera pidieras pidiera pidiéramos pidierais pidieran	pediré pedirás pedirá pediremos pediréis pedirán	pediría pedirías pediría pediríamos pediríais pedirían	pidiendo pedido

Même modèle pour : seguir, corregir, despedir, elegir, impedir, medir, servir, vestir.

Infinitivo (infinitif)	Presente de indicativo (indicatif présent)	Presente de subjuntivo (subjonctif présent)	Imperativo (impératif)		Pretérito imperfecto de indicativo (indicatif imparfait)
Les verbes à alternance e ➡ ie et i o ➡ ue et u					
Sentir *sentir, ressentir*	siento sientes siente sentimos sentís sienten	sienta sientas sienta sintamos sintáis sientan	siente	sentid	sentía sentías sentía sentíamos sentíais sentían
Même modèle pour : divertir, mentir, preferir, sugerir.					
Dormir *dormir*	duermo duermes duerme dormimos dormís duermen	duerma duermas duerma durmamos durmáis duerman	duerme	dormid	dormía dormías dormía dormíamos dormíais dormían
Même modèle pour : morir.					
Les verbes en -acer / -ecer / -ocer / -ucir, type conocer c ➡ zc					
Conocer *connaître*	conozco conoces conoce conocemos conocéis conocen	conozca conozcas conozca conozcamos conozcáis conozcan	conoce	conoced	conocía conocías conocía conocíamos conocíais conocían
Même modèle pour : nacer, obedecer, padecer, parecer, pertenecer, relucir.					
Les verbes en -ducir, type conducir c ➡ zc c ➡ j					
Conducir *conduire*	conduzco conduces conduce conducimos conducís conducen	conduzca conduzcas conduzca conduzcamos conduzcáis conduzcan	conduce	conducid	conducía conducías conducía conducíamos conducíais conducían
Même modèle pour : deducir, introducir, producir, traducir, seducir.					
Autres verbes irréguliers					
Andar *marcher*	ando andas anda andamos andáis andan	ande andes ande andemos andéis anden	anda	andad	andaba andabas andaba andábamos andabais andaban
Caber *rentrer, tenir*	quepo cabes cabe cabemos cabéis caben	quepa quepas quepa quepamos quepáis quepan	–	cabed	cabía cabías cabía cabíamos cabíais cabían
Caer *tomber*	caigo caes cae caemos caéis caen	caiga caigas caiga caigamos caigáis caigan	cae	caed	caía caías caía caíamos caíais caían

Pretérito indefinido (passé simple)	Pretérito imperfecto de subjuntivo (subjonctif imparfait)	Futuro (futur)	Condicional (conditionnel)	Gerundio / part. pasivo (part. présent / passé)
Les verbes à alternance e ➜ ie et i o ➜ ue et u				
sentí sentiste sintió sentimos sentisteis sintieron	sintiera sintieras sintiera sintiéramos sintierais sintieran	sentiré sentirás sentirá sentiremos sentiréis sentirán	sentiría sentirías sentiría sentiríamos sentiríais sentirían	sintiendo sentido
Même modèle pour : divertir, mentir, preferir, sugerir.				
dormí dormiste durmió dormimos dormisteis durmieron	durmiera durmieras durmiera durmiéramos durmierais durmieran	dormiré dormirás dormirá dormiremos dormiréis dormirán	dormiría dormirías dormiría dormiríamos dormiríais dormirían	durmiendo dormido
Même modèle pour : morir.				
Les verbes en -acer / -ecer / -ocer / -ucir, type conocer c ➜ zc				
conocí conociste conoció conocimos conocisteis conocieron	conociera conocieras conociera conociéramos conocierais conocieran	conoceré conocerás conocerá conoceremos conoceréis conocerán	conocería conocerías conocería conoceríamos conoceríais conocerían	conociendo conocido
Même modèle pour : nacer, obedecer, padecer, parecer, pertenecer, relucir.				
Les verbes en -ducir, type conducir c ➜ zc c ➜ j				
conduje condujiste condujo condujimos condujisteis condujeron	condujera condujeras condujera condujéramos condujerais condujeran	conduciré conducirás conducirá conduciremos conduciréis conducirán	conduciría conducirías conduciría conduciríamos conduciríais conducirían	conduciendo conducido
Même modèle pour : deducir, introducir, producir, traducir, seducir.				
Autres verbes irréguliers				
anduve anduviste anduvo anduvimos anduvisteis anduvieron	anduviera anduvieras anduviera anduviéramos anduvierais anduvieran	andaré andarás andará andaremos andaréis andarán	andaría andarías andaría andaríamos andaríais andarían	andando andado
cupe cupiste cupo cupimos cupisteis cupieron	cupiera cupieras cupiera cupiéramos cupierais cupieran	cabré cabrás cabrá cabremos cabréis cabrán	cabría cabrías cabría cabríamos cabríais cabrían	cabiendo cabido
caí caíste cayó caímos caísteis cayeron	cayera cayeras cayera cayéramos cayerais cayeran	caeré caerás caerá caeremos caeréis caerán	caería caerías caería caeríamos caeríais caerían	cayendo caído

Infinitivo (infinitif)	Presente de indicativo (indicatif présent)	Presente de subjuntivo (subjonctif présent)	Imperativo (impératif)		Pretérito imperfecto de indicativo (indicatif imparfait)
Autres verbes irréguliers					
Dar *donner*	doy das da damos dais dan	dé des dé demos deis den	da	dad	daba dabas daba dábamos dabais daban
Decir *dire*	digo dices dice decimos decís dicen	diga digas diga digamos digáis digan	di	decid	decía decías decía decíamos decíais decían
Estar *être*	estoy estás está estamos estáis están	esté estés esté estemos estéis estén	está	estad	estaba estabas estaba estábamos estabais estaban
Haber *auxiliaire avoir*	he has ha hemos habéis han	haya hayas haya hayamos hayáis hayan	–	–	había habías había habíamos habíais habían
Hacer *faire*	hago haces hace hacemos hacéis hacen	haga hagas haga hagamos hagáis hagan	haz	haced	hacía hacías hacía hacíamos hacíais hacían
Ir *aller*	voy vas va vamos vais van	vaya vayas vaya vayamos vayáis vayan	ve	id	iba ibas iba íbamos ibais iban
Oír *entendre*	oigo oyes oye oímos oís oyen	oiga oigas oiga oigamos oigáis oigan	oye	oíd	oía oías oía oíamos oíais oían
Poder *pouvoir*	puedo puedes puede podemos podéis pueden	pueda puedas pueda podamos podáis puedan	–	–	podía podías podía podíamos podíais podían
Poner *mettre, poser*	pongo pones pone ponemos ponéis ponen	ponga pongas ponga pongamos pongáis pongan	pon	poned	ponía ponías ponía poníamos poníais ponían

Pretérito indefinido (passé simple)	Pretérito imperfecto de subjuntivo (subjonctif imparfait)	Futuro (futur)	Condicional (conditionnel)	Gerundio / part. pasivo (part. présent / passé)
Autres verbes irréguliers				
di diste dio dimos disteis dieron	diera dieras diera diéramos dierais dieran	daré darás dará daremos daréis darán	daría darías daría daríamos daríais darían	dando dado
dije dijiste dijo dijimos dijisteis dijeron	dijera dijeras dijera dijéramos dijerais dijeran	diré dirás dirá diremos diréis dirán	diría dirías diría diríamos diríais dirían	diciendo dicho
estuve estuviste estuvo estuvimos estuvisteis estuvieron	estuviera estuvieras estuviera estuviéramos estuvierais estuvieran	estaré estarás estará estaremos estaréis estarán	estaría estarías estaría estaríamos estaríais estarían	estando estado
hube hubiste hubo hubimos hubisteis hubieron	hubiera hubieras hubiera hubiéramos hubierais hubieran	habré habrás habrá habremos habréis habrán	habría habrías habría habríamos habríais habrían	habiendo habido
hice hiciste hizo hicimos hicisteis hicieron	hiciera hicieras hiciera hiciéramos hicierais hicieran	haré harás hará haremos haréis harán	haría harías haría haríamos haríais harían	haciendo hecho
fui fuiste fue fuimos fuisteis fueron	fuera fueras fuera fuéramos fuerais fueran	iré irás irá iremos iréis irán	iría irías iría iríamos iríais irían	yendo ido
oí oíste oyó oímos oísteis oyeron	oyera oyeras oyera oyéramos oyerais oyeran	oiré oirás oirá oiremos oiréis oirán	oiría oirías oiría oiríamos oiríais oirían	oyendo oído
pude pudiste pudo pudimos pudisteis pudieron	pudiera pudieras pudiera pudiéramos pudierais pudieran	podré podrás podrá podremos podréis podrán	podría podrías podría podríamos podríais podrían	pudiendo podido
puse pusiste puso pusimos pusisteis pusieron	pusiera pusieras pusiera pusiéramos pusierais pusieran	pondré pondrás pondrá pondremos pondréis pondrán	pondría pondrías pondría pondríamos pondríais pondrían	poniendo puesto

Infinitivo (infinitif)	Presente de indicativo (indicatif présent)	Presente de subjuntivo (subjonctif présent)	Imperativo (impératif)		Pretérito imperfecto de indicativo (indicatif imparfait)
Autres verbes irréguliers					
Querer *vouloir, aimer*	quiero quieres quiere queremos queréis quieren	quiera quieras quiera queramos queráis quieran	quiere	quered	quería querías quería queríamos queríais querían
Saber *savoir*	sé sabes sabe sabemos sabéis saben	sepa sepas sepa sepamos sepáis sepan	sabe	sabed	sabía sabías sabía sabíamos sabíais sabían
Salir *sortir, partir*	salgo sales sale salimos salís salen	salga salgas salga salgamos salgáis salgan	sal	salid	salía salías salía salíamos salíais salían
Ser *être*	soy eres es somos sois son	sea seas sea seamos seáis sean	sé	sed	era eras era éramos erais eran
Tener *avoir, posséder*	tengo tienes tiene tenemos tenéis tienen	tenga tengas tenga tengamos tengáis tengan	ten	tened	tenía tenías tenía teníamos teníais tenían
Traer *apporter*	traigo traes trae traemos traéis traen	traiga traigas traiga traigamos traigáis traigan	trae	traed	traía traías traía traíamos traíais traían
Valer *valoir*	valgo vales vale valemos valéis valen	valga valgas valga valgamos valgáis valgan	vale	valed	valía valías valía valíamos valíais valían
Venir *venir*	vengo vienes viene venimos venís vienen	venga vengas venga vengamos vengáis vengan	ven	venid	venía venías venía veníamos veníais venían
Ver *voir*	veo ves ve vemos veis ven	vea veas vea veamos veáis vean	ve	ved	veía veías veía veíamos veíais veían

	Pretérito indefinido (passé simple)	Pretérito imperfecto de subjuntivo (subjonctif imparfait)	Futuro (futur)	Condicional (conditionnel)	Gerundio / part. pasivo (part. présent / passé)
Autres verbes irréguliers					
	quise quisiste quiso quisimos quisisteis quisieron	quisiera quisieras quisiera quisiéramos quisierais quisieran	querré querrás querrá querremos querréis querrán	querría querrías querría querríamos querríais querrían	queriendo querido
	supe supiste supo supimos supisteis supieron	supiera supieras supiera supiéramos supierais supieran	sabré sabrás sabrá sabremos sabréis sabrán	sabría sabrías sabría sabríamos sabríais sabrían	sabiendo sabido
	salí saliste salió salimos salisteis salieron	saliera salieras saliera saliéramos salierais salieran	saldré saldrás saldrá saldremos saldréis saldrán	saldría saldrías saldría saldríamos saldríais saldrían	saliendo salido
	fui fuiste fue fuimos fuisteis fueron	fuera fueras fuera fuéramos fuerais fueran	seré serás será seremos seréis serán	sería serías sería seríamos seríais serían	siendo sido
	tuve tuviste tuvo tuvimos tuvisteis tuvieron	tuviera tuvieras tuviera tuviéramos tuvierais tuvieran	tendré tendrás tendrá tendremos tendréis tendrán	tendría tendrías tendría tendríamos tendríais tendrían	teniendo tenido
	traje trajiste trajo trajimos trajisteis trajeron	trajera trajeras trajera trajéramos trajerais trajeran	traeré traerás traerá traeremos traeréis traerán	traería traerías traería traeríamos traeríais traerían	trayendo traído
	valí valiste valió valimos valisteis valieron	valiera valieras valiera valiéramos valierais valieran	valdré valdrás valdrá valdremos valdréis valdrán	valdría valdrías valdría valdríamos valdríais valdrían	valiendo valido
	vine viniste vino vinimos vinisteis vinieron	viniera vinieras viniera viniéramos vinierais vinieran	vendré vendrás vendrá vendremos vendréis vendrán	vendría vendrías vendría vendríamos vendríais vendrían	viniendo venido
	vi viste vio vimos visteis vieron	viera vieras viera viéramos vierais vieran	veré verás verá veremos veréis verán	vería verías vería veríamos veríais verían	viendo visto

SOLUTIONS

Module 0

1 a. ENE – BE – A b. PE – UVE – CE c. U – ESE – BE d. EFE – EME – I

2 a. equis b. hache c. ele

3 a. ERRE QUE ERRE b. NI JOTA c. ESE

4 a. cu b. i griega c. uve doble

5 a. ka b. cu c. ge d. zeta

6 a. EE.UU. b. SS.MM. c. JJ.OO.

7 a. [paoula] b. [aouRélio] c. [aïnoa] d. [moïsséss] e. [néouss] f. [éoussébio] g. [léïRé] h. [éloï]

8

	a. amarillo	b. rojo	c. verde	d. naranja	e. marrón	f. rosa	g. negro
[R]	x		x	x			x
[RR]		x			x	x	

9 a. Los lobos feroces b. Los paisajes andaluces. c. ¿Os sentís capaces?

10 a. una bebida fresquísima b. una calle larguísima c. un verano sequísimo

11 a. una vaquita b. la colegiuta c. una naricita

12 a. antiguo b. cigüeña c. antigüedad d. portuguesa e. águila f. igual g. bilingüe h. bilingüismo

13 ELIJO, ELIGES, ELIGE, ELEGIMOS, ELEGÍS, ELIGEN / SIGO, SIGUES, SIGUE, SEGUIMOS, SEGUÍS, SIGUEN

14 CONVENZO, CONVENCES, CONVENCE, CONVENCEMOS, CONVENCÉIS, CONVENCEN

15 a. cruces b. crucé c. cruzo

16 a. toques b. tocamos c. tocó

17 a. Pagáis b. pagué c. pagues

18 a. exámenes b. arroz c. miércoles d. móvil e. libertad f. física g. gratis h. portátil i. azúcar j. examen k. café l. Mediterráneo

19 a. dos árboles b. dos franceses c. dos balones d. dos móviles

20 a. un inglés b. un pincel c. un limón d. una pared

21 a. cuándo b. Cuando c. por qué d. porque e. como f. Cómo g. cuánto h. Cuánta i. quien j. Quiénes

22 a. ¿Te gusta el té? b. Sí, a mí me gusta, pero a él no le gusta. c. A mi amigo no sé si le gusta. d. ¿Tú le pones azúcar a tu café?

Module 1

1 Iniesta Luján : apellido ; Andrés : nombre ; El Mago : apodo ; Andresito : diminutivo

2 a. nombre / llaman b. apellidos c. apodo

3 a. Tengo dos nombres, Diego y Armando b. El diminutivo de mi nombre es Dieguito. c. Mis apellidos son Maradona Franco. d. Me llaman El Pelusa.

4

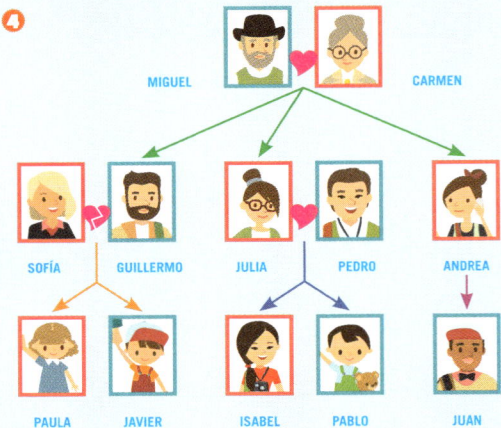

5 a. ¿Dónde vivís? b. Vivimos en un chalé, en las afueras de Barcelona. c. ¿Dónde vives? d. Vivo en Sevilla, en un barrio del centro ciudad e. ¿Dónde vive tu tío? f. Vive en Madrid, en la planta baja de un edificio de cinco pisos.

6 a. Concepción Arenal Burgos vive en el noveno derecha. b. Domingo Pérez López y Teresa Pellicer Ruiz viven en el séptimo izquierda. c. Daniel Ortiz Manzanares y Patricia Toledo Bernad viven en el cuarto derecha.

7 a. Prudencia Guillén Fernández vive en el quinto izquierda. b. Juan José Leyva Rodríguez vive en el octavo derecha. c. Miguel Pino Antúnez y Fernanda Aldazábal Gutiérrez viven en el sexto izquierda.

8 a. Voy a casa. b. Estoy en casa. c. Viene de casa de sus abuelos. d. Paso por casa de mi hermano a coger una cosa.

9 a. juan.ka-cardenas@telefonica.es b. juanca_cardenas@telefonica.es c. juan-ca.cardenas@telefonica.es

10 a. L'Alhambra está cerca del centro ciudad. b. Sierra Nevada está más lejos.

11 a. Desde el centro ciudad hasta la Alhambra hay mil ciento cincuenta metros (ou un kilómetro y ciento cincuenta metros). b. Desde el centro ciudad hasta Sierra Nevada hay veintiséis kilómetros.

12 Desde el centro de Granada hasta la Alhambra se tardan más o menos / en torno a / unos veinte minutos andando.

13 a. Desde el centro de Granada hasta Sierra Nevada se tarda más o menos / en torno a una hora en autobús. **b.** Desde el centro de Granada hasta Sierra Nevada se tardan más o menos / en torno a / unos cuarenta y cinco minutos en coche.

14 **Berta :** Su cara es redonda. Los ojos son oscuros, casi negros. Es muy morena y lleva trenzas. Siempre está riendo y sus labios carnosos descubren dientes grandes y blancos. Tiene ojos grandes y negros, con pestañas larguísimas. **Lucía :** Es rubia y lleva el pelo largo recogido en un moño. Tiene muchas pecas. La boca es fina y cuando sonríe asoman unos dientes pequeños. Tiene una cara ovalada, con una piel muy clara.

15 **a.** Fuego : impaciente, enérgico, aventurero, rápido **b.** Tierra: práctico, ordenado, paciente, trabajador **c.** Aire: reflexivo, intelectual, cerebral, lógico **d.** Agua: imaginativo, intuitivo, sensible, soñador

16 **a.** Te pareces un poco a tu hermana. **b.** Te pareces muchísimo a Javier. **c.** Me parezco muy poco a tu hermana. **d.** No me parezco en absoluto a Javier. **e.** Nos parecemos bastante a tu hermana. **f.** Nos parecemos mucho a Javier.

17 **a.** Están de mal humor. **b.** Estoy de rodillas. **c.** Está de pie. **d.** Estamos de buen humor.

18 **a.** enamorados **b.** enganchada **c.** enfermo **d.** encantados **e.** enfadadas

19 **a.** Estoy muy resfriada. **b.** Estamos cansados. **c.** ¿Por qué estás contento? **d.** ¿Está usted preocupada, señora? **e.** Estamos asustados. **f.** El profesor no está contento. **g.** Estáis furiosas.

20 **a.** Son idealistas. **b.** ¿Estás satisfecho? **c.** Estoy decepcionada. **d.** Marta es original. **e.** Estamos sentados. **f.** Es usted generoso.

21 **a.** El aceite de oliva es bueno. **b.** Este aceite de oliva está bueno. **c.** Tu perro es malo. **d.** Tu perro está malo. **e.** Belén está muy morena. **f.** Belén es muy morena. **g.** Las gambas son caras. **h.** Las gambas están caras. **i.** Mi padre es muy joven. **j.** Mi padre está muy joven.

22 **a.** Buenos días, estoy buscando unas zapatillas para mi hijo. **b.** Este chándal me queda un poco estrecho de hombros. **c.** Estos vaqueros son baratísimos, una verdadera ganga.

23 **a.** Bonjour, je cherche des baskets pour mon fils. **b.** Ce survêtement est un peu étroit aux épaules pour moi. **c.** Ces jeans sont très bon marché, une véritable affaire.

24 Buenas tardes, quisiera una cazadora. ¿Qué talla usas? Gasto una cuarenta, pero a veces la treinta y ocho me queda bien. Tengo esta, en negro, no es muy cara y está muy bien. Sí, gracias, me la voy a probar. Entonces, ¿qué tal te queda? ¡Fatal! Me queda ancha de cuello, estrecha de cintura y larga de mangas!

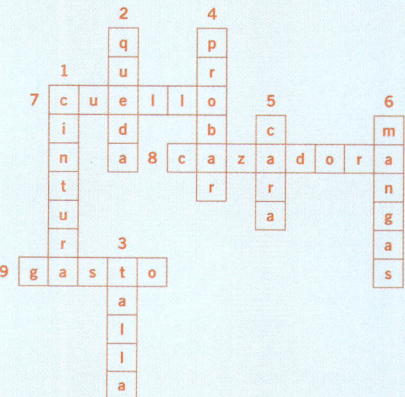

25 **a.** conquista **b.** mezquita **c.** reconquista **d.** reino **e.** reinado

26 Boabdil : Siglo XV ; Don Rodrigo : Siglo VIII ; Fernando de Aragón : Siglo XV ; Isabel de Castilla : Siglo XV ; Tarik ibn Ziyad : Siglo VIII ; apogeo de la España musulmana : Siglos IX-X ; se fija el castellano : Siglo XIII

27 **a.** M **b.** M **c.** V **d.** V **e.** V **f.** M

Module 2

1 **a.** Ella quiere a su hermana. **b.** A ellos les gustan los conciertos. **c.** A nosotros nos gustan las fiestas. **d.** Tú quieres a tus amigos. **e.** A vosotros os gusta viajar. **f.** Yo quiero a mis abuelos.

2 **a.** ¿Qué equipo prefieres? **b.** ¿Preferís París o Marsella? **c.** Preferimos los equipos españoles. **d.** Mis amigos prefieren el baloncesto. **e.** Prefiero los deportes individuales. **f.** ¿Usted a quién prefiere, a Messi o a Ronaldo?

3 **a.** ¿Te gusto? **b.** ¿Les gustáis? **c.** No le gustamos. **d.** No me gustan. **e.** No me gustas.

4 **a.** A ningún alumno le molan los exámenes. **b.** Las canciones de mi grupo preferido molan mogollón. **c.** Mola mazo la música que escucha mi primo.

5 **a.** Aucun élève ne kiffe les contrôles. **b.** Les chansons de mon groupe préféré, c'est de la bombe. **c.** La musique qu'écoute mon cousin, c'est de la balle.

6 **a. a.** El bacalao es salado. **b.** El limón es ácido. **c.** El turrón es dulce. **d.** El vinagre es agrio. **e.** La cerveza es amarga. **f.** La guindilla es picante.

SOLUTIONS

7 a. Comes bacalao porque te agrada lo salado.
b. Como mucho bacalao porque me vuelve loco lo salado.
c. Tomáis vinagre porque os agrada lo agrio. d. Tomamos mucho vinagre porque nos vuelve locos lo picante.
e. Toman guindilla porque les agrada lo picante. f. Toma mucha guindilla porque le vuelve loca lo picante.

8 a. No toman mucho limón porque les desagrada lo ácido. b. No tomáis nunca limón porque os da asco lo ácido. c. No comemos mucho turrón porque nos desagrada lo dulce. d. No comes nunca turrón porque te da asco lo dulce. e. No bebe mucha cerveza porque le desagrada lo amargo. f. No bebo nunca cerveza porque me da asco lo amargo.

9 a. Marta está contenta. Le da gusto ver a su familia. b. Estamos enfadadas. Nos dan rabia ciertas actitudes. c. Los niños están tristes. Les dan lástima los animales del zoológico. d. Estás cansado. Te da pereza salir este fin de semana. e. Estoy asustado. Me da miedo lo que me cuentas. f. Sois tímidos. Os da vergüenza hablar en público.

10 a. cenemos juntos. b. desayunes de pie.
c. escriban a mano. d. le deje conducir mi moto.
e. leáis mucho. f. Luis abra la boca cuando come.

11

infinitif	yo	tú	él, ella	nosotros, nosotras	vosotros, vosotras	ellos, ellas
conducir	conduzco	conduces	conduce	conducimos	conducís	conducen
salir	salgo	sales	sale	salimos	salís	salen
servir	sirvo	sirves	sirve	servimos	servís	sirven
hacer	hago	haces	hace	hacemos	hacéis	hacen
elegir	elijo	eliges	elige	elegimos	elegís	eligen
conocer	conozco	conoces	conoce	conocemos	conocéis	conocen

12 a. a. Les da miedo que conduzcamos un coche.
b. Me agrada que conozcas a mis padres. c. ¿Te da lástima que no salga este fin de semana? d. Os da vergüenza que vuestro hijo no haga la tarea. e. Me da rabia que no me elijáis como delegado. f. Nos da asco que se sirvan con las manos.

13 a. Je les aime moyennement. b. Nous l'aimons bien. c. Que penses-tu de lui ? d. Ils vous détestent.
e. Il ne m'aime pas.

14 a. ¿Cómo os lleváis en el colegio? b. Nos llevamos fatal: los chicos odian a las chicas y las chicas no soportan a los chicos.

15 a. ¿Cómo se llevan tus padres? b. Se llevan bien: hay mucho cariño entre ellos.

16 a. ¿Cómo te llevas con Gloria? b. ¡Me llevo fenomenal con ella! ¡Es un flechazo! ¡Es el amor!

17 a. ¡Qué mal rollo! b. ¡Qué guay! c. ¡Qué mal rollo!
d. ¡Qué guay!

18 a. Óscar y Juan te caen fatal. b. Tienes mal rollo con Óscar y Juan. c. Tengo buen rollo contigo.

19 a. 3. B. b. 1. C. c. 2. A.

20 a. Siento b. te arrepientes de c. echo de menos.

21 a. No te creo: eres malo y nunca te arrepientes de nada. b. No tengo tiempo, lo siento. c. Echo de menos España.

22 a. ¡Cuántas flautas! b. ¡Qué piano! c. ¡Qué guitarra!
d. ¡Cuántos violines!

23 a. ¡Qué flautas más bonitas! b. ¡Qué piano más chulo! c. ¡Qué guitarra más estupenda! d. ¡Qué violines más geniales!

24 a. ¡Qué bien suena esa guitarra! b. ¡Qué bien toca la guitarra Juan!

25 a. ¡Cuántas baterías tiene en casa! b. ¡Cómo (ou cuánto) me gusta la música! c. ¡Cómo (ou cuánto) mola tocar la guitarra!

26 a. Quisiera media tostada de atún con tomate y un café solo. b. Ponme un café con leche y una tostada de jamón serrano.

27 a. Je voudrais une (demi-)tartine de thon à la tomate et un café noir. b. Mets-moi un café au lait et une tartine de jambon cru.

28 En mi bocata pongo una lata de atún, dos huevos duros, mucho kétchup, bastante mantequilla, una cebolla picada y tres lonchas de salmón ahumado.

29 Mi bocata preferido lleva dos espárragos, cuatro rodajas de pepino y cinco de tomate, tres hojas de lechuga, queso de untar y mayonesa.

30 El bocadillo que a mí me mola tiene una salchicha, diez rodajas de salchichón, una pechuga de pollo, tres lonchas de jamón serrano, dos de jamón de york y muchísima mostaza.

31

SOLUTIONS

Module 3

1 a. tratamiento de usted b. tratamiento de tú c. tratamiento de tú d. tratamiento de usted e. tratamiento de tú f. tratamiento de tú g. tratamiento de tú h. tratamiento de usted

2 a. ¡Cierra la puerta! b. ¡Coma bien! c. ¡Conduzca despacio! d. ¡Elige un bocadillo! e. ¡Escriba una carta! f. ¡Siga ese coche! g. ¡Tome vinagre! h. ¡Vuelve a casa!

3 a. ¡Niños, a la cama y cerrad los ojos! b. Tomen la primera a la derecha, señores. c. Podéis ir a esa fiesta, pero volved antes de las once. d. Ya sabéis: comed toda la sopa o no hay postre. e. Conducid con prudencia si queréis evitar accidentes. f. Azul o rojo: elijan el modelo que prefieran, señoras. g. Escriban aquí su nombre y apellidos, caballeros. h. Sigan las indicaciones si no quieren perderse.

4 a. Despiértate. b. Levántate. c. Dúchate. d. Péinate. e. Vístete. f. Ponte los zapatos. g. Desnúdate. h. Cepíllate los dientes. i. Acuéstate. j. Duérmete.

5 a. Despertaos. b. Levantaos. c. Duchaos. d. Peinaos.

6 a. Vístase. b. Póngase los zapatos. c. Desnúdese.

7 a. Cepíllense los dientes. b. Acuéstense. c. Duérmanse.

8 a. ¡Asa el pavo en el horno! b. ¡Fríe las sardinas en la sartén! c. ¡Calienta la sopa en el microondas! d. ¡Cuece los garbanzos en la olla exprés!

9 a. ¡Ásalo! b. ¡Fríelas! c. ¡Caliéntala! d. ¡Cuécelos!

10 a. Dame tu libro. b. Dámelo. c. Dadle la llave, amigos. d. Dádsela. e. Denos nuestro dinero, señor. f. Dénoslo. g. Denles sus cincuenta euros, señores. h. Dénselos.

11 a. Venga un momento. b. Id a comprar el pan. c. Háganme un favor. d. Sé más educado con la gente.

12 a. ¿Puede ponerme una cerveza, si es tan amable? b. ¿Pueden salir de mi casa, si son tan amables? c. ¿Puedes tener cuidado con este libro, por favor? d. ¿Podéis decirme que ha pasado, por favor?

13 a. No te muevas. b. No os mováis. c. No se mueva. d. No se muevan.

14 a. ¡No vengáis a casa! b. !No os pongáis los zapatos. c. ¡No vayas al colegio! d. ¡No veas la tele!

15 a. ¡No sea maleducado, señor! b. ¡No seas tonto y dile que la quieres! c. ¡No estéis tan seguros de que vais a ganar! d. ¡No esté todo el día en casa: ¡salga y haga deporte!

16 a. Quiere darte las gracias. b. Te agradezco tu amistad. c. ¿No me das las gracias? d. Os agradecemos esta cena. / Os damos las gracias por esta cena (les deux réponses sont correctes).

17 a. Muchísimas gracias. b. ¡De nada! c. Gracias. d. No hay de qué.

18 a. Tiene mucha pasta. / Tiene muchas pelas. b. ¿Me prestas diez pavos? c. ¿Hacemos un sinpa?

19 a. ¿Le pago en metálico (ou en efectivo) o con tarjeta? b. No tengo suelto. c. ¿Me puede cambiar? d. Aquí tiene su vuelta (ou su cambio) : un billete de veinte euros y dos monedas de un euro.

20 a. Si quieres un curro para completar tu paga, ser canguro es muy chulo. b. Cuando eres camarero, no cobras solo el sueldo sino también las propinas. c. ¿Se siente usted capacitada para ocupar el puesto de dependienta?

21 a. Si tu veux un taf pour compléter ton argent de poche, être baby-sitter, c'est très chouette. b. Quand tu es serveur, tu ne touches pas seulement le salaire mais aussi les pourboires. c. Vous sentez-vous apte à occuper le poste de vendeuse ?

22 1. Estimado/a 2. pues 3. por eso 4. a pesar de 5. además 6. O sea que 7. capacitado 8. Agradeciéndole 9. atentamente

23 a. Soy hincha del Real Madrid: leo el Marca o el As. b. Soy hincha del Barça: leo el Mundo deportivo o el Sport.

24 a. ¡Aúpa Atleti! b. ¡Visca el Barça! c. ¡Hala Madrid!

25 a. El árbitro amonesta a un jugador por una entrada peligrosa. b. Bicicleta, pared, regate, vaselina, ¡y gol! c. No marca muchos goles, pero da muchas asistencias.

Module 4

1 a. veo b. se conoce c. escribes

2 a. íbamos b. teníais c. había d. se acostaban

3 a. eran b. era c. estábamos d. Estabais e. estabas f. era

4

infinitivo	yo	tú	él/ella	nosotros/as	vosotros/as	ellos/as
creer	creía	creías	creía	creíamos	creíais	creían
sonreír	sonreía	sonreías	sonreía	sonreíamos	sonreíais	sonreían
creer	me sentaba	te sentabas	se sentaba	nos sentábamos	os sentabais	se sentaban
creer	me sentía	te sentías	se sentía	nos sentíamos	os sentíais	se sentían

5 a. se sentía b. sentábamos c. sonreía d. Creíais

6 a. No hemos podido hacer nada, lo sentimos. b. He perdido las llaves del coche. c. ¿Habéis oído la noticia. d. ¿Te han dado una propina? e. ¿Qué has pensado de mi novio? f. ¿Quién ha ganado el partido?

SOLUTIONS

7 a. Se han cortado el pelo esta mañana. **b.** Se cortaron el pelo el año pasado. **c.** La semana pasada jugamos al fútbol. **d.** Hemos jugado al fútbol esta tarde. **e.** Anteayer corrí mucho. **f.** Hoy he corrido mucho. **g.** ¿Qué habéis comido a mediodía? **h.** ¿Qué comisteis anteanoche? **i.** ¿A qué hora has salido del cole hoy? **j.** ¿A qué hora saliste del cole ayer? **k.** Ha recibido un correo esta mañana. **l.** Recibió un correo anoche.

8 a. ¡No he dicho nada! **b.** ¡No ha hecho nada! **c.** ¡No hemos roto nada! **d.** ¡No ha visto nada!

9 a. Creía que me habías escrito. **b.** Pensaba que vosotros habíais puesto la mesa. **c.** Pensé que la habías abierto. **d.** Creí que ya habíais vuelto del trabajo.

10 a. Cuando supe que habías llegado, te llamé. **b.** Cuando se puso el pantalón, vio que le quedaba pequeño. **c.** Cuando quisiste levantar treinta kilos, te dolió la espalda.

11 a. Al hacer la tarea, visteis que no habíais entendido la lección. **b.** Al tener dinero, dejaron de hablarnos. **c.** Al poner la mesa, nos dimos cuenta de que faltaban platos.

12 a. fuimos **b.** estuviste **c.** Estuve **d.** fueron **e.** Estuvisteis **f.** fue

13 a. ¿Qué te trajeron los Reyes Magos? **b.** ¡Nada! Este año no vinieron.

14 a. Dijisteis **b.** pudimos

15 a. 3 **b.** 1 **c.** 5 **d.** 6 **e.** 4 **f.** 2

16 a. Como no quedaba vino, pedimos cerveza. **b.** Como no había cubiertos, se sirvieron con las manos. **c.** Como hacía mal tiempo, preferiste no salir. **d.** Como la música estaba demasiado alta, usted no oyó lo que decían. **e.** Como la habías escrito tú, leí esa novela. **f.** Como no quería denunciarte, mintió a la policía.

17 a. Ayer cayó mucha lluvia. **b.** Los ladrones huyeron cuando oyeron al perro. **c.** Es un buen dentista: no sentí nada. **d.** ¿Quién eligió este restaurante? **e.** Ayer un perro me siguió.

18 a. Lleva mucho tiempo hablando de esa chica. **b.** ¿Cuánto tiempo lleváis esperando?

19 a. Llevan diez años casados. **b.** Llevo una hora aquí.

20 a. Llevo un mes sin ver a mis padres. **b.** Llevas una eternidad sin escribirme.

21 a. Llevas dos horas jugando con el móvil. **b.** Llevamos una semana enfermos. **c.** Llevo tres noches sin dormir.

22 a. Todos se pusieron a correr de repente. **b.** Al cabo de media hora, el camarero apareció **c.** Primero pedí un aperitivo, luego un filete y finalmente un postre. **d.** Al principio no entendía nada pero a los seis meses hablaba perfectamente.

23 1. C **2.** F **3.** D **4.** B **5.** A **6.** E

24 a. Don Quijote lee mucho. V **b.** Don Quijote se imagina que unos molinos son gigantes. V **c.** Don Quijote se publicó el 23 de abril de 1605. F **d.** El caballo de don Quijote se llama Rocinante. V **e.** El personaje de don Quijote es un noble rico. F **f.** La segunda parte de la obra fue escrita por Shakespeare. F **g.** Sancho Panza es el enemigo de don Quijote. F

25 a. una novela de caballería **b.** sobrenatural **c.** escudero **d.** gigante **e.** un superhéroe **f.** un juego de rol **g.** la locura **h.** loco

Module 5

1 a. Saldré a pasear pasado mañana. **b.** Viajaremos a Andalucía el verano que viene. **c.** Tendrán un examen el próximo martes. **d.** Volveréis a clase dentro de dos horas. **e.** Cumplirá quince años el verano que viene (ou el próximo verano) **f.** Vendrás a casa mañana.

2 a. enseguida **b.** pronto **c.** un día

3 a. Pondré la mesa enseguida. **b.** Pronto podremos conducir un coche. **c.** Un día hará su cama.

4 a. En cuanto vuelvo a casa, me pongo a estudiar. **b.** En cuanto vuelva a casa, me pondré a estudiar. **c.** En cuanto volví a casa, me puse a estudiar. **d.** En cuanto volvía a casa, me ponía a estudiar.

5 a. Cuando vayas más a España, hablarás bien español. **b.** Cuando sepa quién es, podré hablarte de él. **c.** Cuando la policía nos pregunte, diremos lo que sabemos.

6 a. Te querré mientras me quieras. **b.** Saldremos a correr antes de que salga el sol. **c.** No le diré una palabra hasta que él no me diga la verdad.

7 a. Haré lo que pueda. **b.** Pienso que valdrá la pena. **c.** Me pregunto si sabrá contestar.

8 a. a. Dice que lo hará. **b.** ¿No sabes quién vendrá a tu cumpleaños? **c.** Iremos donde queráis.

9 a. A lo mejor no sabes la respuesta. **b.** Quizás esté enfermo. **c.** A lo mejor tienen miedo.

10 a. ¿Qué habrá pasado? **b.** ¿Quién será el asesino? **c.** ¿Dónde estará el arma del crimen? **d.** ¿Se habrá defendido la víctima? **e.** ¿Qué se habrán dicho la víctima y el asesino?

11 1. Escribí **2.** tenía **3.** presenté **4.** recibió **5.** fue **6.** dijo **7.** tenía

SOLUTIONS

12 **1.** llevé **2.** acordarían **3.** volvió **4.** dijo **5.** leerían **6.** contestarían **7.** Salí **8.** harían **9.** habían sido **10.** era

13 **a.** ¿Tendrías fuego? **b.** ¿Me haríais un favor? **c.** ¿Me dirías tu número de móvil? **d.** ¿Podríais ayudarme?

14 **a.** Si pudiera, jugaría a los dardos contigo. **b.** Si tuviéramos tiempo, echaríamos una partida de cartas. **c.** Si entrenaras, me ganarías al futbolín. **d.** Si pusierais más atención, no perderíais al ajedrez.

15 **a.** Si el cielo estuviera despejado, contaríamos las estrellas. **b.** Si tuvieran una cámara, sacarían una foto a los cocodrilos. **c.** Si supieras nadar mejor, podrías bañarte conmigo. **d.** Si fuerais a la selva, veríais leones y monos. **e.** Si estuviera en forma, haría senderismo.

16 ¡Faltan el papel higiénico, el algodón, el champú, el gel de ducha, el jabón, el detergente y los espaguetis!

17 ¡No hacían falta patatas fritas, hamburguesas, azúcar, leche, vino, salchichas, cerveza y plátanos!

18 aceite de oliva : dieta mediterránea ; carne : dieta anglosajona ; ensaladas : dieta mediterránea ; fruta : dieta mediterránea ; lácteos : dieta anglosajona ; legumbres : dieta mediterránea ; mantequilla : dieta anglosajona ; pasteles : dieta anglosajona ; pescado : dieta mediterránea ; verdura : dieta mediterránea ; vino : mediterránea

19 alcachofa : las verduras ; garbanzos : las legumbres ; sandía : la fruta ; avellanas : los frutos secos ; nueces : los frutos secos ; lentejas : las legumbres ; alubias : las legumbres ; ensalada : la verdura

20
	1	2	3	4	5	6	7
aceitunas	○	○	○	○	●	○	○
chorizo	○	●	○	○	○	○	○
pan	○	○	○	○	○	●	○
pasteles	●	○	○	○	○	○	○
pollo	○	○	●	○	○	○	○
queso	○	○	○	●	○	○	○
té	○	○	○	○	○	○	●

21 **a.** más alcachofas que huevos. **b.** menos carne que pescado. **c.** menos mantequilla que aceite de oliva. **d.** más manzanas que dulces. **e.** menos patatas que arroz. **f.** más cereales que marisco.

TABLEAU D'AUTOÉVALUATION

Bravo, tu es venu à bout de ce cahier ! Il est temps à présent de faire le point sur tes compétences et de comptabiliser les icônes afin de procéder à l'évaluation finale. Reporte le sous-total de chaque chapitre dans les cases ci-dessous puis additionne-les afin d'obtenir le nombre final d'icônes dans chaque couleur et découvre tes résultats !

Module 0 ....

Module 1 ....

Module 2 ....

Module 3 ....

Module 4 ....

Module 5 ....

Total, tous modules confondus ....

Tu as obtenu une majorité de…

¡Fenomenal! Super !
Tu t'en es très bien sorti, continue comme ça !

¡No está mal!
Ce n'est pas mal !
Mais tu peux progresser en refaisant les exercices où tu as fait des erreurs.

¡Ánimo! Courage !
Reprends l'ensemble de l'ouvrage en relisant bien les leçons avant de refaire les exercices.

CRÉDITS ICONOGRAPHIQUES

Couverture : Anne-Sophie Peyer - **Intérieur :** Jean-Sébastien Bordas : 27, 94, 95 ; DR : 1, 18, 29, 36, 58, 69h, 76, 94, 111 ; Shutterstock : ADE2013 : 44(exo6-e) ; angkrit : 70, 90h ; ankomando : 31(exo1-b), 46b ; AnthonyKrikorian : 40, 55h ; Aratehortua : 44(exo6-a) ; artbesouro : 26 ; Artisticco : 10b, 58(exo29-c), 59(5) ; Barmaleeva : 66(exo8-b/d) ; BelmasKetherina : 44(exo6-e) ; Beresnev : 58(exo30-a/b/d), 109(boudin) ; Blablo101 : 32h, 46 ; BlueRingMedia : 58(exo28-d/f), 109(farine) ; BoBaa22 : 60 ; brgfx : 59(6), 84b, 98, 112h ; Colorcocktail : 58(exo28-c), 109(vin) ; ConstantinePankin : 4(exo1-b) ; Creatarka : 87 ; Delices : 43, 44(exo6-b), 109(banane) ; Duettographics : 96 ; Ellegant : 100 ; Evellean : 59(10) ; graphic-line : 83 ; gst : 58(exo28-b), 109(lait) ; Gurza : 34 ; HelenCingisiz : 8b ; IconicBestiary : 81 ; Incomible : 79 ; Inkley : 103 ; IrinaQiwi : 64 ; Ivan_Nikulin : 4(exo1-d) ; IvanovaNatalia : 109(confiture) ; Jamesbin : 8h ; jehsomwang : 89 ; jesadaphorn : 30, 62, 90b, 97 ; jkcDesign : 31(exo1-a), 101 ; JuliaTim : 63, 113 ; KachalovaKseniia : 37 ; Kanate : 77b ; komique : 30hd, 39 ; KY726871 : 5b ; Laralova : 109(sucre) ; LeszekGlasner : 66h ; Lindarks : 33b, 72b ; Luccia : 59(2) ; Macrovector : 11, 15, 16, 31(exo1-c/d), 33h, 53, 58(exo29-g), 59(1), 71h, 84h, 86, 109(chips), 109(chocolat), 109(glace), 112b ; Malchev : 107 ; Manon_Labe : 66(exo8-c) ; maraga : 58(exo30-c) ; mari.nl : 85 ; Marish : 80, 92h ; mart : 58 ; Marzolino : 57h ; MaschaTace : 48, 109(dentifrice) ; Mauromod : 106 ; melissaheld : 12 ; mhatzapa : 18b ; Minur : 13b ; MSSA : 50, 108h ; MyClipArtStore.com : 44(exo6-f) ; mything : 59(9) ; Netta07 : 59(3) ; NGvozdeva : 25 ; NongAmory : 58(exo29-g) ; Olga1818 : 6, 13h, 19, 28, 49, 71b, 99, 102, 109, 122 ; olillia : 22 ; phloxii : 41 ; piercing : 44(exo6-c), 59(4) ; PODIS : 4(exo1-a) ; PrettyVectors : 17, 77h ; ReljicAleksandra : 20 ; robuart : 23, 73 ; SbitnevaNina : 36, 38 ; Sentavio : 78 ; sibgat : 68b ; silanti : 58(exo29-f) ; skyclick : 57b, 72h ; SlyBrowney : 109(burger) ; SmartDesign : 68h ; smilingfresh : 61 ; ST22Studio : 5h ; Stocklifemax : 44, 45h, 88, 104 ; subarashii21 : 45b ; Sudowoodo : 110 ; Supermint : 58(exo28-e) ; tele52 : 66(exo8-a) ; Tomacco : 54, 55b ; TopVectorStudio : 92b ; Tribalium : 59(7) ; tynyuk : 32b ; VectorBakery : 7 ; Vetreno : 65 ; ViktoriaKurpas : 4b, 91 ; ViktorijaReuta : 58(exo28-a) ; vivasis : 108 ; WiktoriaMatynia : 59(8) ; yuriytsirkunov : 10.

Un grand merci à Jean-Sébastien Bordas pour ses illustrations des pages 27, 94 et 95.

Mise en pages : Élodie Bourgeois pour Lunedit
Réalisation : Lunedit
© 2018 Assimil

Dépôt légal : avril 2018
N° d'édition : 3780
ISBN : 978-2-7005-0784-3
www.assimil.com
Imprimé en avril 2018 chez DZS, Slovénie